Dietrich Seibt (Hrsg.)

# Informatik in Wirtschaft und Verwaltung
## gestern - heute - morgen

Dietrich Seibt (Hrsg.)

# Informatik in Wirtschaft und Verwaltung gestern - heute - morgen

Symposium anläßlich des 25-jährigen
Bestehens des Informationskreises
Organisation und Datenverarbeitung (IOD)

Die Deutsche Bibliothek - CIP-Einheitsaufnahme

**Informatik in Wirtschaft und Verwaltung gestern - heute -
morgen** : Symposium anlässlich des 25-jährigen Bestehens des
Informationskreises Organisation und Datenverarbeitung (IOD)
/ Dietrich Seibt (Hrsg.). - Braunschweig ; Wiesbaden : Vieweg,
1992
  ISBN-13: 978-3-528-05290-4
NE: Seibt, Dietrich [Hrsg.]; Informationskreis Organisation und
  Datenverarbeitung

Das in diesem Buch enthaltene Programm-Material ist mit keiner Verpflichtung oder Garantie irgendeiner Art verbunden. Der Herausgeber und der Verlag übernehmen infolgedessen keine Verantwortung und werden keine daraus folgende oder sonstige Haftung übernehmen, die auf irgendeine Art aus der Benutzung dieses Programm-Materials oder Teilen davon entsteht.



Druck und buchbinderische Verarbeitung: Langelüddecke, Braunschweig
Gedruckt auf säurefreiem Papier

ISBN-13: 978-3-528-05290-4    e-ISBN-13: 978-3-322-84278-7
DOI: 10.1007/978-3-322-84278-7

## Vorwort

Aktuelle Informationen über Entwicklungen auf verschiedenen Gebieten der Informationstechnik, über bewährte betriebliche Informations-
technik-Anwendungen und über erfolgreiche betriebliche Problemlösungen sind Basis für professionelles Management im Bereich
"Organisation und Datenverarbeitung" - mehr noch - bilden eine
wichtige Voraussetzung, damit ein ORG/DV-Manager beruflichen
Erfolg hat. Eine Vielzahl von Institutionen und Unternehmen "küm-
mert sich" darum, daß das Management diese Informationen auch
tatsächlich bekommt. Oft stimmen Informationsangebot und Infor-
mationsnachfrage überein. Es gibt aber auch viele Situationen, in
denen das Management sich selbst gezielt bemühen muß, Infor-
mationslücken, insbesondere qualitativer Art, zu füllen und sich zusätzliche neutrale Informationsquellen zu erschließen. Genau diesem
Zweck diente und dient der "Informationskreis Organisation und Datenverarbeitung" (IOD), der im Dezember 1991 fünfundzwanzig
Jahre alt geworden ist und dessen Entstehungs- und Lebensge-
schichte Paul Schmitz in diesem Buch beschreibt. Die Tatsache, daß
ein solcher Kreis über ein viertel Jahrhundert aktiv ist, seinen Mitgliedern Nutzen gestiftet hat und für die Zukunft weiteren Nutzen zu stif-
ten verspricht, ist zweifellos in erster Linie der Umsicht, Weitsicht und
den besonderen integrativen Fähigkeiten seines Gründers und lang-
jährigen Sprechers, Prof. Dr. Paul Schmitz, zu danken. Entscheidend
für die Lebendigkeit nach fünfundzwanzig Jahren ist aber auch die
Aktivität seiner Mitglieder, die dem Kreis durch ihre Ideen und Ini-
tiativen für gemeinsame Informationsveranstaltungen seine Zukunft
sichern.

Neun von derzeit 32 Mitgliedern des Kreises haben sich bereit ge-
funden, aus ihrer täglichen Arbeit und über besondere Probleme und
Lösungen zu berichten. Die Beiträge waren Kern des eintägigen
IOD-Symposiums, das im Dezember 1991 stattgefunden hat. Sie
werden mit dieser Schrift einem größeren Interessentenkreis zugänglich gemacht und sollen dem Zweck dienen, die im Symposium begonnene fruchtbare Diskussion auszudehnen und fortzu-
setzen.

Bemerkenswert ist die Vielschichtigkeit der Beiträge und der Beitragenden, die aus ganz unterschiedlichen Positionen zu den Schwerpunkten

- Entwicklungslinien, die von den Anfängen bis in die Zukunft reichen

- Gegenwärtige und zukünftige Anwendungssysteme; Rolle der Informationswirtschaft im Unternehmen

- Datenbanken; Informationstechnik-Brücken zwischen Praxis und Hochschule; Wirtschaftsinformatik-Ausbildung

Stellung nehmen. Die Vielfalt der Meinungen, die Vielseitigkeit der Kompetenzen sowie der im Kreis vertretenen Wissens- und Erfahrungshintergründe machen den IOD zu einem wertvollen Informations- und Diskussionsforum, dem alle Beteiligten auch in Zukunft viel Erfolg wünschen.

Köln, im Juni 1992                    Dietrich Seibt

# Inhalt

VIII

Paul Schmitz

# Die Entstehungs- und Entwicklungsgeschichte des Informationskreis Organisation und Datenverarbeitung

Prof. Dr. Paul Schmitz, Professor für Informatik (emerit.); Direktor des BIFOA - Betriebswirtschaftliches Institut für Organisation und Automation - an der Universität zu Köln

# Gliederung

1    Ziele

2    Mitgliedschaft

3    Themenschwerpunkte

## 1 Ziele

Die rasante Entwicklung auf dem Gebiet der Informationstechnik eröffnet ständig neue Anwendungsfelder, und es ist nicht absehbar, welche Potentiale für die Zukunft verfügbar sein werden. Es gibt kaum ein Wirtschaftsunternehmen und kaum eine Einrichtung der öffentlichen Hand, die nicht informationstechnische Systeme zur Lösung vielfältiger Aufgaben einsetzt.

Neben der Leistungssteigerung der Systeme sind zwei zusätzliche Aspekte von Bedeutung: Einerseits eine immer stärkere Integration der Verarbeitungsaufgaben beim Anwender, so daß von einer Störung oder einem Fehler bei einer Teilaufgabe das gesamte System in Mitleidenschaft gezogen werden kann; andererseits erlauben die Systeme eine zunehmende Integration der informationstechnischen Funktionen, nämlich Verarbeitung, Speicherung und Kommunikation, für alle wichtigen Repräsentationen von Information.

Diese Tendenzen führen zu einer immer größeren Abhängigkeit der Anwender von ihrem informationstechnischen System. Verstärkt wird diese Abhängigkeit durch vielfältige neue Gefahren und Risiken für die Anwendungssysteme: von einfachen technischen Störungen über Störungen durch menschliches Versagen, durch höhere Gewalt bis hin zu kriminellen Eingriffen.

Es wird daher immer wichtiger, die Anwendungssysteme funktionsgerecht, wirtschaftlich und sicher auszulegen. Diese Gestaltungsaufgabe wird beim Anwender i.a geprägt durch eine Einzelperson, den Leiter der Funktionseinheit Organisation und Datenverarbeitung, den Information-Manager oder wie immer seine Bezeichnung sei.

Bei der Durchsetzung entsprechender Gestaltungskonzepte stößt der für diese Aufgaben auf der höchsten Ebene Verantwortliche vielfach auf das Problem, daß sich die Leiter anderer Funktionsbereiche (Leiter Rechnungswesen, Leiter Einkauf, Leiter Vertrieb, ...) - vermeintlich oder tatsächlich - gegenüber dem Funktionsbereich Informationsverarbeitung benachteiligt sehen, und es entstehen Konflikte der übrigen Bereichsleiter untereinander.

Beispiele für solche Problemsituationen, die temporär oder auch permanent auftreten, sind:

- Beschaffung und Einrichtung neuer technischer Systeme,

- steigende Kosten der Informationsverarbeitung,

- gesonderte gehaltliche Einstufung des Personals im Bereich der Informationsverarbeitung,

- Reihenfolge der Entwicklung von Anwendungssystemen (Anwendungsstau),

- Abschätzung des Entwicklungsaufwands für neue Systeme,

- Nutzenbewertung der Informationsverarbeitung,

- Zentralisation vs. Dezentralisation,

- Datenschutz,

- Sicherheitsbedürfnisse,

- Outsourcing.

Wenn diese Problemsituationen bewältigt werden sollen und wenn der für die Informationsverarbeitung Hauptverantwortliche nicht in eine Isolation innerhalb seines Unternehmens geraten will, dann muß er überzeugende, objektiv nachvollziehbare und möglichst anderswo bereits erprobte Modelle und Instrumente für seine Gestaltungsaufgabe - und hier insbesondere für die Durchsetzung der Konzepte - einsetzen. Für die Diskussion entsprechender Modelle und Instrumente fehlen ihm im eigenen Unternehmen i.a. die Gesprächspartner; er kann sie nur außerhalb, bei seinen Kollegen in anderen Unternehmen finden.Dies ist ein Ziel des Informationskreis Organisation und Datenverarbeitung:

Austausch von Erfahrungen im Hinblick auf die Aufgaben des Information-Managers

Einem zweiten Problem sieht sich der Information-Manager gegenüber: Er muß ständig über die neuesten und absehbaren Entwicklungen im Bereich der Informationstechnik informiert sein, und diese Information muß auf einem, Niveau erfolgen, das seinen Fragestellungen entspricht. Für seine

Mitarbeiter (Programmierer, Systemanalytiker , Organisatoren usw.) gibt es
ein breites Angebot an Aus- und Weiterbildungsveranstaltungen, die für ihn
wegen seines knappen Zeitbudgets und wegen deren Art und Ausrichtung
nicht in Betracht kommen. Daraus ergibt sich ein zweites Ziel des Informationskreis Organisation und Datenverarbeitung:

Management-gerechte Information über neue Entwicklungen im Bereich
der Informationstechnik.

## 2 Mitgliedschaft

Der IOD kennt außschließlich persönliche Mitglieder; es gibt also keine Fir-
men-Mitgliedschaften. Wechselt ein Mitglied sein Unternehmen, dann bleibt
er weiter Mitglied des Kreises, wenn die Voraussetzungen für die Mitgliedschaft weiter gegeben sind (Anwendungsorientierung, Branche). Ein
Ausscheiden eines Mitglieds aus dem IOD aus einem anderen Grund als
dem Wechsel der Funktionsorientierung ist sehr selten; die Zusammensetzung des Kreises ist daher sehr stabil.

Der IOD kennt zwei Stati der Mitgliedschaft: Aktive Mitglieder stehen im aktiven Beruf, inaktive befinden sich im Ruhestand. Beim Ausscheiden eines
aktiven Mitglieds wird ein neues Mitglied durch Kooptation in den Kreis
aufgenommen, wobei in erster Linie die Branchenzugehörigkeit und die Position für die Auswahlentscheidung von Bedeutung sind.

Die Mitgliederzahl des IOD ist seit seiner Gründung im Jahre 1966 von
zunächst 7 kontinuierlich auf heute 32 gestiegen. Die Mitglieder verteilen
sich derzeit wie folgt auf ihre Herkunftsorientierung:

15 Betriebswirte
6 Mathematiker/Physiker
4 Volkswirte
4 Ingenieure
2 Juristen
1 Wirtschaftsingenieur

Unterstellt man, daß diese Verteilung repräsentativ für den Information-Manager ist, kann man folgende Schlüsse ziehen:

- Die Wahrnehmung der Aufgaben des Information-Manager erfordert keine spezifische Informatik-Ausbildung: Es sind keine Diplom-Informatiker vertreten. Allenfalls Diplom-Wirtschaftsinformatiker werden in der Zukunft bei entsprechender Orientierung des Studiums an Führungsaufgaben für eine solche Position in Betracht kommen.

- Führungspersönlichkeiten wachsen mit entsprechendem Engagement in die Aufgabe des Information-Mananger hinein, unabhängig von der beruflichen Herkunft.

- Am ehesten geeignet für die Aufgaben eines Information-Managers ist der Betriebswirt; er hat von der Ausbildung her die Grundlagen, die ihn befähigen, Funktionen und Abläufe zu koordinieren und zu integrieren.

Die Mitglieder des IOD vertreten in erster Linie Anwender informationstechnischer Systeme. Bei der Zusammensetzung wird Wert darauf gelegt, daß möglichst breit die wichtigsten Branchen repräsentiert sind. Eine Orientierung der Mitglieder an einen Hersteller würde in eine Interessenvertretung der Anwender gegenüber diesem Hersteller münden; außerdem gibt es hierzu bereits entsprechende Benutzerorganisationen. Eine Ausrichtung auf eine Branche oder Branchengruppe wird sehr schnell in Arbeitsgruppen mit Konzentration auf branchenspezifische Belange führen.

Zur Zeit repräsentieren die Mitglieder des IOD die folgenden Branchen:

- Grundstoffindustrie
- Maschinen- und Anlagenbau
- Autoindustrie
- Chemie, Kunststoffindustrie
- Energieversorgung
- Banken
- Handel
- Versicherungen.

Daneben sind

- Hochschullehrer sowie
- Berater und Software-Häuser

vertreten.

Die Ressourcen-Kapazität der Mitglieder des IOD kann durch zwei Zahlen
grob charakterisiert werden: Die Gesamtzahl der Mitarbeiter aller Mitglieder des Kreises beträgt derzeit etwa 9.000; das gesamte Jahres-Budget, das
die Mitglieder des Kreises zu verantworten haben, liegt derzeit bei etwa
DM 2 MRD.

## 3 Themenschwerpunkte

Für die Sitzungen des IOD werden stets inhaltliche Themen, die in Präsentationen, Vorträgen und Diskussionen entsprechend den Zielsetzungen des
Kreises abgewickelt werden,vereinbart. Die Themengebiete der bisherigen
167 Sitzungen können wie folgt gebündelt werden:

- Anwendungssysteme der Mitglieder des IOD; hierbei stellen die Mitglieder
  des Kreises und ihre Mitarbeiter konkrete Anwendungssysteme ihres
  Hauses vor.

- Infrastruktur der Mitglieder des IOD; dabei werden die Infrastrukturen, die
  Basis für die Gestaltung von Anwendungssystemen sind, vorgestellt und
  diskutiert. Infrastruktur ist dabei sehr breit gefaßt und beinhaltet u.a. die
  Aufbau- und Ablauforganisation im Zusammenhang mit Anwendungen
  der Informationstechnik, Personalfragen, Vertragsgestaltung mit Herstel-
  lern von Hardware- und Software-Systemen sowie von von außen bezogenen
  Diensten.

- Anwendungssysteme von Anwendern, die nicht im IOD vertreten sind.

- Präsentationen von Anbietern im Bereich der Informationstechnik. Dieser
  Bereich ist sehr weit gefaßt und umfaßt neben Hardware-, Basis-Software
  und Anwendungssoftwaresystemen auch Dienste für die Verarbeitung so-

wie zur Kommunikation von Informationen und ebenfalls Versicherungen
im Bereich der Anwendung von informationstechnischen Systemen.

- Maßnahmen der öffentlichen Hand, die die Anwendung von informationstechnischen Systemen berühren. Gemeint sind hier Netze und Netzdienste,
wie etwa ISDN und BTX; aber auch Programme zur Förderung der Entwicklung und der Anwendung informationstechnischer Systeme sowie
Fragen des Datenschutzes.

Den Anteil der obigen Themengebiete zeigt die folgende Abbildung.

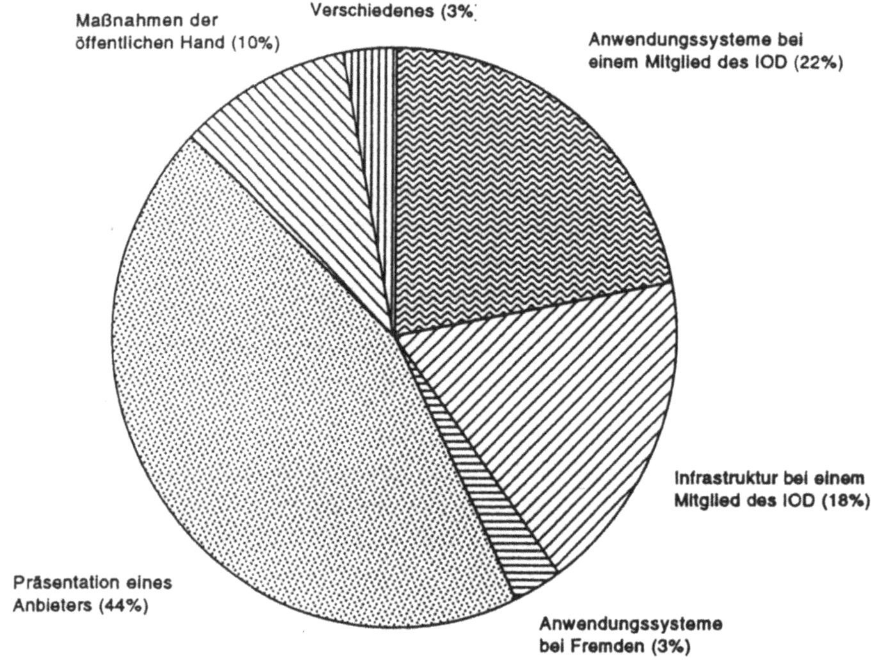


Selbstverständlich hat es in den 25 Jahren des Bestehens des IOD Verschie-
bungen bei den Themengebieten gegeben: Das Themengebiet Infrastruktur
hatte in den ersten Jahren ein wesentliches größeres Gewicht als heute; dies
hat seinen Grund darin, daß inzwischen eine Reihe von Modellen und Methoden für die Gestaltung der Infrastruktur vorhanden sind. Der Anteil der

Präsentationen von Anbietern hat sich deutlich vergrößert; dies ist zurück-
zuführen auf einen verstärkten Bedarf an Informationen über neue informationstechnische Systeme und Dienste wegen der immer kürzer werdenden
Lebenszyklen dieser Systeme und Angebote.

Schmitz, Paul — Prof. Dr. rer.nat., emeritierter Universitätsprofessor; Direktor am Betriebswirtschaftlichen Institut für Organisation und Automation an der Universität zu Köln.

Nach dem Studium der Mathematik und Promotion an der Rheinisch-Westfälischen Technischen Hochschule Aachen verschiedene Tätigkeiten in der Wirtschaft, u.a. Turbinenfabrik der Siemens-Schuckert-Werke, UNIVAC. 1968/69 Geschäftsführer des Mathematischen Beratungs- und Programmierungsdienst. 1969 Berufung an die Universität zu Köln als Leiter des Regionalen Rechenzentrums und ab 1971 zusätzlich Inhaber des Lehrstuhls für Informatik.

# A: Entwicklungslinien, die von den Anfängen bis in die Zukunft reichen

# Günther Buchholz

# Rechenzentrumsleistungen

# - Rückblick und Tendenzen -

Dr. Günther Buchholz, Vorsitzender der Geschäftsführung der Stinnes-data-Service GmbH, Mülheim/R.

# Gliederung

**1     Einleitung**

**2     Entwicklungsphasen der DV-Serviceleistungen im Rückblick**

**3.     Gesichtspunkte für und gegen die Ausgliederung von betrieblichen Datenverarbeitungsfunktionen an ein DV-Serviceunternehmen**

3.1     Kosten

3.2     Qualität der DV-Dienstleistungen

3.3     Flexibilität

3.4     Personal

3.5     Wettbewerbsvorteil durch Informationsverarbeitung?

3.6     Abhängigkeit von Serviceunternehmen?

3.7     Durchsetzungsmöglichkeit im eigenen Unternehmen?

3.8     Einflüsse von technologischen Entwicklungen?

**4.     Zur Strategie für ein DV-Serviceunternehmen**

## 1. Einleitung

Seit Beginn der Anwendung der elektronischen Datenverarbeitung prüfen Unternehmen, ob es sinnvoll ist, die Serviceleistungen eines externen Rechenzentrums in Anspruch zu nehmen. Man behandelt damit das allgemeine betriebswirtschaftliche Problem "Make or buy" bzw. "Eigenfertigung oder Fremdbezug" speziell auf den Bereich der Informationstechnik.

Im konkreten Fall erkennt man dabei allerdings sehr schnell, daß diese Fragestellung sehr komplex ist, unterschiedlichste Gesichtspunkte berücksichtigt werden müssen und ein Ergebnis der Überlegungen nicht immer sofort ganz eindeutig ist.

Im folgenden sollen einige Aspekte dieser Fragestellung behandelt werden, die unter dem Schlagwort "Outsourcing" (Kurzform von "Outside Resourcing") in der letzten Zeit eine besondere Aktualität erfahren hat.

Schwerpunkte bei den Überlegungen sollen dabei die Fragen bilden:

- Warum überhaupt "Ausgliederung von betrieblichen Datenverarbeitungsfunktionen an ein externes DV-Serviceunternehmen"?

und

- Wie muß sich ein Serviceunternehmen strategisch positionieren, um in der Zukunft erfolgreich am Markt agieren zu können?

## 2. Entwicklungsphasen der DV-Serviceleistungen im Rückblick

Die Übertragung von DV-Aktivitäten auf fremde Servicefirmen hatte in der Vergangenheit insgesamt gesehen eine unterschiedliche Bedeutung und auch unterschiedliche Ausprägungen. Es lassen sich grob drei Entwicklungsphasen unterscheiden (vgl. hierzu **Abb. 1**):

Im **Anfangsstadium** des Einsatzes der betrieblichen Datenverarbeitung stand die Kosteneinsparung als Ziel im Vordergrund. Administrative Massenprozesse wurden mit Hilfe von - aus heutiger Sicht - sehr teuren DV-Anlagen abgewickelt. Um die Kosten der Abwicklung eines Geschäftsvorfalls, z.B. Buchung, Rechnung, Lohn- und Gehaltsabrechnung, möglichst gering zu halten, mußte die teure DV-Infrastruktur möglichst hoch ausgelastet werden.

Da einzelne Unternehmen nicht in der Lage waren, die Rechenzentren selbst ausreichend auszulasten, wurden Gemeinschafts- und Branchenrechenzentren gegründet. Zur damaligen Zeit entstanden Servicerechenzentren aus der Ausgliederung der DV-Abteilung im Unternehmen zur eigenständigen Gesellschaft, um durch Dienstleistungen an Dritte eine bessere Auslastung der vorhandenen eigenen DV-Infrastruktur zu erreichen.

Mit der technologischen Entwicklung der Datenverarbeitung, insbesondere im Bereich der Mittleren-Datentechnik, mit der Ausweitung des Angebots an Hard- und Software und vor allem nach Bildung von Know-how für die Anwendung der Datenverarbeitung im Unternehmen wuchs die Bedeutung der eigenen Datenverarbeitung. DV-Prozesse, die bislang in Servicerechenzentren abgewickelt wurden, konnten häufig nicht nur aus Prestigegründen in das eigene Unternehmen verlagert werden. Für die Servicerechenzentren ist insgesamt eine **Stagnationsphase** festzustellen. Nur einige wenige Servicerechenzentren, die sich auf eingegrenzten Märkten mit ausgewählten Anwendungen spezialisierten, konnten expandieren.

Seit etwa Mitte der achtziger Jahre kann man von einer **Renaissance** der Servicerechenzentren sprechen. Servicerechenzentren erscheinen mit neuen bzw. erweiterten Angeboten von Dienstleistungen verstärkt am Markt. Die Frage des "Outsourcing" wird damit immer aktueller, bezieht sich aber in der Regel immer auf das partielle Outsourcing, nämlich auf die Kombination von eigener Datenverarbeitung und die Auslagerung von hierfür geeigneten Teilfunktionen an das Serviceunternehmen. In der Praxis - sowohl in der BRD als auch im Ausland - bedeutet Outsourcing nur in Ausnahmefällen die Aufgabe jeglicher DV-Aktivitäten. Die in diesem Zusammenhang geführten Diskussionen anhand einiger "spektakulärer" Fälle im Ausland haben teilweise ein falsches Bild vermittelt.

**3.  Gesichtspunkte für und gegen die Ausgliederung von betrieb-
lichen Datenverarbeitungsfunktionen an ein DV-Serviceunternehmen**

**3.1 Kosten**

Wie im Anfangsstadium des Einsatzes der betrieblichen Datenverarbeitung können die Kosten der Datenverarbeitung ein entschei-
dender Grund für die Verlagerung von bestimmten betrieblichen
Anwendungssystemen in ein DV-Serviceunternehmen sein. Zwar haben sich die Kosten des Rechenzentrums insgesamt relativ ver-
mindert und gleichzeitig auch die Anteile der einzelnen Kosten-
arten an den Gesamtkosten im Laufe der letzten Jahre gravierend
verschoben, unverändert bleibt aber die Erfahrung, daß bei ge-
gebener Betriebsgröße etwa 90 % (und manchmal noch mehr) der
Gesamtkosten eines RZ-Betriebs fix sind.

Die Infrastruktur des RZ, bestehend vor allem aus

- Personal im RZ
- Hardware
- Software (Betriebs- und Anwendungssysteme)
- Datennetz (insbesonder Standleitungen)
- Gebäude und Ausstattung
- Archiven und Back-up-Vorsorge,

verursacht (perioden-)fixe Kosten, die also unabhängig von der
Kapazitätsauslastung anfallen. Je größer die Auslastung der Kapazitäten, desto geringer der kalkulatorische Anteil der fixen
Kosten auf die Leistungserbringungseinheit. Können DV-
Serviceunternehmen von einer vergleichsweise höheren Kapazitätsauslastung ausgehen, sind sie in der Lage, auch nach Berücksichtigung von Margen, die Leistungseinheit günstiger abzu-
rechnen.

Hinzu kommt noch der Effekt der "Economies of Scale" im Großrechnerbereich, der in der Praxis immer wieder bestätigt wird.

Der Daimler-Benz-Konzern kam im Rahmen seines großen konzernin-
ternen Outsourcing-Projektes zum Ergebnis, daß z.B. die Be-
triebskosten pro MIPS in einem kleinen Rechenzentrum mit 15 bis
20 MIPS Gesamtleistung drei- bis viermal so hoch sind, wie in
einem großen Rechenzentrum mit 200 oder mehr MIPS Gesamtleistung. In Zukunft sollen nur noch 12 Großrechenzentren statt
der früheren 50 firmenbezogenen Rechenzentren als Servicerechenzentren im Konzern und für Dritte tätig sein.

In diesem Zusammenhang sei auch das Ergebnis einer Studie herangezogen, die von der DV-Service-Gruppe Tele-Daten-Service
GmbH (tds), Heilbronn durch ein neutrales Marktforschungsinsti-
tut durchgeführt wurde. Es wurden 41 deutsche Unternehmen untersucht, die das Kriterium IBM-Großrechner plus SAP-Software
erfüllen. Berücksichtigt wurde die gesamte Hardware, Betriebs-
system- und Basis-Software, SAP-Lizenzen sowie die Personalko-
sten. Wie **Abb.** 2 zeigt, kommt z.B. ein mittelgroßes Unternehmen
mit seinen 100 Terminals, die SAP-Software nutzen, auf ungefähr
DM 2.500,- Monatskosten bei Nutzung des eigenen RZ. Bezieht man
"SAP aus der Steckdose", werden diese Leistungen
- zumindest vom Anbieter tds - vergleichbar mit DM 950,- angeboten. Bei größeren Unternehmen wird die Differenz zwischen den
Kosten der eigenen DV und der potentiellen Inanspruchnahme des
Outsourcing-Services auf Basis der Studie zwar geringer, sie
ist aber immer noch deutlich.

Die angeführten Ergebnisse können zwar nicht ohne entsprechende
nähere Analyse auf den konkreten Fall übertragen werden, Kritik
üben kann man auch an der Vorgehensweise und an den genutzten
Vergleichsbasen (insbesondere Einheiten MIPS und Anzahl Terminals), tendenziell dürften die Aussagen aber richtig sein.

## 3.2 Qualität der DV-Dienstleistungen

Bei der Kostenbetrachtung wurde unterstellt, daß die Leistungen im Servicerechenzentrum qualitativ mindestens denen aus der Eigenerstellung entsprechen. Im konkreten Fall ist aber häufig festzustellen, daß die von einem Serviceunternehmen angebotenen DV-Dienstleistungen qualitativ wesentlich besser sind.

Aufgrund der in der Regel gegebenen ausreichenden Betriebsgröße kann das DV-Serviceunternehmen einen "professionellen" Betrieb des RZ sicherstellen. Dies kann sich z.B. zeigen in "besserer" Software, deren Einsatz in "kleineren" RZ nicht wirtschaftlich oder auf "kleineren" DV-Anlagen nicht möglich ist oder in einem höheren Servicegrad mit z.B. kürzeren Antwortzeiten im On-Line-Betrieb, mit Verfügbarkeitszeiten des Rechenzentrums inkl. eines Hot-Line-Service im 2 oder 3 Schichtenbetrieb oder auch mit Absicherungen der RZ-Verfügbarkeit über Mehrrechnerbetrieb und über Back-up-Möglichkeiten.

## 3.3 Flexibilität

Der Kunde eines Servicerechenzentrums kann im Rahmen des Dienstleistungsvertrages in der Regel auch Zusagen über die Vorhaltung von Kapazitätsreserven für eventuell Kapazitätsspitzen erhalten, ohne daß diese zu wesentlichen Mehrkosten für die Dienstleistungen führen.

Ein Serviceunternehmen ist wegen der "Economies of Scale" und wegen der eher möglichen Saldierungseffekte in der Lage, ausreichende Reserven für die üblichen Tagesspitzen in der Kapazitätsinanspruchnahme oder für Saisonspitzen vorzuhalten. Unsicherheiten in der Kapazitätsplanung für die DV-Infrastruktur und damit verbundene Risiken können elegant auf den Dienstleistungsanbieter verlagert werden. Dieser muß es auch gewohnt sein, sich flexibel in seiner Infrastruktur anzupassen.

### 3.4 Personal

Der Arbeitsmarkt für qualifiziertes DV-Personal ist unverändert
sehr eng. Insbesondere "kleinere" Unternehmen können nur sehr
schwer offene Stellen mit Mitarbeitern besetzen, die mit der
Qualifikation und Erfahrung ausgestattet sind, die für die Auf-
gabenstellungen benötigt werden. Und wenn dann spezialisierte
DV-Mitarbeiter vorhanden sind, ergibt sich häufig eine Abhängigkeit von einzelnen Mitarbeitern in Spezialfunktionen, insbesondere in der Systemtechnik und -programmierung, mit Risiken,
die eigentlich vom Unternehmen nicht geduldet werden dürften.

Neben der Abhängigkeit vom Personal ergeben sich daneben noch
indirekte Kostengesichtspunkte. Bei "kleinen" Abteilungen ist
die Vertretungsfrage für den Ausfall - z.B. wegen Krankeit,
Urlaub - und angesichts der allgemeinen Arbeitszeitsverkürzung
nur schwer oder teuer lösbar. Ferner ist die häufig empfundene
Unzufriedenheit über die mangelhafte "Produktivität" in der
DV-Abteilung zu erwähnen, die sich immer wieder bei nicht pro-
fessionell geführten DV-Bereichen zeigt.

### 3.5 Wettbewerbsvorteil durch Informationsverarbeitung?

Bei der Frage der Ausgliederung von Funktionen der Informationsverarbeitung müssen aber auch Kriterien betrachtet werden,
die möglicherweise gegen ein Outsourcing sprechen bzw. die eine
Auswahl derjenigen Funktionen, die generell ausgliederbar wären, eingrenzen können.

Da ist zunächst das Kriterium des potentiellen Wettbewerbsvor-
teils aus der Informationsverarbeitung. Handelt es sich bei der
Ausführung der einzelnen Funktion quasi um ein "commodity",
d.h. eine Differenzierung bei der Durchführung oder der Qualität findet nicht oder fast nicht statt, wird die mögliche Hand-
lungsweise nicht eingeschränkt. Beispiele hierfür wären die Anwendungssysteme des Rechnungswesens und der sonstigen admini-
strativen Datenverarbeitung.

Kann dagegen ein Wettbewerbsvorteil durch die einzelne Informationsverarbeitungsfunktion möglich werden, ist sehr genau zu prüfen, ob damit diese Funktion generell im eigenen Hause durchgeführt werden muß oder trotzdem - z.B. durch eine individuelle Anpassung/Konfektionierung der Verarbeitung im Service-RZ oder nach langfristiger Absicherung des Know-hows für die organisatorische Weiterentwicklung - ein Outsourcing in Frage kommt.

Wettbewerbsvorteile können vor allem in den mehr dispositiven bzw. strategischen Anwendungssystemen relevant sein.


### 3.6 Abhängigkeit vom Serviceunternehmen?

Kritisch ist die Frage einer Abhängigkeit von dem in Frage kommenden DV-Dienstleistungsunternehmen zu analysieren. Da es sich in der Regel um eine längerfristig wirksame Entscheidung handelt, muß das Serviceunternehmen ein guter, langfristig zuverlässiger und auch finanziell sicherer Partner sein, bei dem man unterstellen kann, daß dieser die gewünschte Dienstleistung in richtiger Güte, termingerecht und zu den vereinbarten Konditionen auch erbringt.

Der Partner muß innerhalb des Vertragswerks für die Dienstleistungen akzeptable Vertragskonditionen anbieten. Im Vertrag dürfen nicht nur die üblichen rechtlichen Regelungen enthalten sein, sondern er muß u.a. ebenfalls genaue Vereinbarungen zur Aufgabenverteilung zwischen den Partnern für Teilfunktionen und Regelungen über Nutzungsrechte von Software und Know-how-Transfer nach eventueller Beendigung des Vertragsverhältnisses enthalten.


### 3.7 Durchsetzungsmöglichkeit im eigenen Unternehmen?

Das Thema "Outsourcing" ist generell eine emotional stark aufgeladene Fragestellung, nicht zuletzt aufgrund von bekanntgewordenen Einzelfällen, bei denen es eher um die Ausgliederung der gesamten Datenverarbeitung an eine Servicefirma ging.

Ein Vorhaben der Ausgliederung von betrieblichen Datenverarbeitungsfunktionen ohne entsprechende Vorbereitung der Mitarbeiter
im DV-Bereich, ohne Aufklärung über Umfang, Zeitraum und Reali-
sierungsstufen, ist mit Risiken verbunden, insbesondere hinsichtlich der Funktionsfähigkeit des eigenen Rechenzentrums.

Beim partiellen Outsourcing, dem Regelfall in der Praxis, kommt
es für die Motivation der DV-Mitarbeiter vor allem darauf an,
die Perspektiven und Möglichkeiten der Entfaltung innerhalb der
im eigenen Unternehmen verbleibenden Informationsverarbeitungsfunktionen und deren wachsende Bedeutung nachvollziehbar aufzu-
zeigen.


**3.8 Einflüsse von technologischen Entwicklungen?**

In den bisherigen Ausführungen wurde die Fragestellung behand-
let, inwieweit einzelne DV-Funktionen statt im eigenen Rechenzentrum innerhalb eines Serviceunternehmens abgewickelt werden
sollten. Unter dem Gesichtspunkt zukünftiger technologischer
Entwicklungen sollte auch untersucht werden, ob noch zusätzliche Alternativen zur Lösung des Entscheidungsproblems "Make or
buy" gegeben sein könnten.

Es kann unterstellt werden, daß auch im nächsten Jahrzehnt die
Entwicklung der Informationsverarbeitung ähnlich rasant ver-
läuft, wie in den vergangenen zwei Jahrzehnten. Es können sich
neue Wege zur Lösung von Anwendungsproblemen ergeben, z.B.
durch den Einsatz von neuen dedizierten DV-Systemen im Sinne
des Downsizing oder z.B. durch die Entwicklung von neuen Anwendungssoftwaresystemen, die statt auf Rechnern mit Großrechner-
betriebssystemen auch auf Netzwerken und "kleineren" Rechnern
gefahren werden oder z.B. durch die Entwicklung neuer Betriebssysteme, die einen nahezu bedienungslosen, automatisierten
Rechnerbetrieb ermöglichen.

Nach Meinung des Verfassers werden sich diese Einflüsse aber
nur auf ausgewählte betriebliche Informationsverarbeitungsfunktionen auswirken. Für die Mehrzahl der Funktionen wird ein RZ-
Betrieb aufgrund der gegebenen Rahmenbedingungen notwendig
bleiben und nicht durch eine andere Art der Durchführung aufgrund neuer technologischer Entwicklungen wirtschaftlich sinnvoll ersetzt werden können. Gewisse Zentralisierungstendenzen
für bestimmte betriebliche Funktionen ergeben sich zukünftig
auch aus der Weiterentwicklung der Telekommunikation.

Wenn ein RZ-Betrieb für eine betriebliche Informationsverarbeitungsfunktion notwendig bzw. aus wirtschaftlichen Überlegungen
sinnvoll ist, dann stellt sich auch immer die Frage des Outsourcing.

Und diese muß dann auf den konkreten Fall, also auf das individuelle Portfolio von DV-Anwendungen bezogen, im Rahmen einer
Nutzwertanalyse und nicht nur unter Kostengesichtspunkten, be-
antwortet werden.


**4. Zur Strategie für ein DV-Serviceunternehmen**

Aus den bisherigen Ausführungen ist ableitbar, daß auch in der
Zukunft ein Bedarf an partiellem Outsourcing für betriebliche
Informationsverarbeitungsfunktionen gegeben sein wird.

Wie soll nun dieser Bedarf befriedigt werden? Wie sollte sich
ein DV-Serviceunternehmen strategisch positionieren, um langfristig erfolgreich am Markt agieren zu können?

Auf letztere Fragestellung hat der Verfasser versucht, in Form
von 10 Aussagen unter Nutzung eigener Erfahrungen bei der Führung eines DV-Serviceunternehmens erste Antworten zu geben
(vgl. hierzu **Abb. 3**).

Zusammengefaßt sei gesagt: Um langfristig erfolgreich zu sein,

- muß das DV-Serviceunternehmen ein echter, preiswerter Dienstleister auf einem eingegrenzten, speziellen Markt sein,

- es muß "anders" sein als so manche DV-Abteilung

und

- die Mitarbeiter müssen einen guten Service bieten.

Wenn diese Voraussetzungen erfüllt sind, dann wäre das DV-Serviceunternehmen auch gerüstet auf die Folgen des Schreis (vgl. **Abb.** 4): "Ruf schnell den Outsourcing-Service an", wenn es "in der DV-Küche plötzlich brennt".

Besser ist es natürlich, die Outsourcing-Frage in aller Ruhe unter wirtschaftlichen Aspekten zu prüfen!

**Abb. 1**

# Entwicklungsphasen der DV-Serviceleistungen

| Zeitraum | Entwicklung | wesentliche Einflußfaktoren für die Entwicklung |
|---|---|---|
| ca. 1965 - 1970 | - Gründung von DV-Serviceunternehmen<br><br>- Bildung von Gemeinschaftsrechenzentren (Branchen-RZ) | - Kostenvorteile durch bessere Auslastung der (teuren) DV-Infrastruktur |
| ca. 1970 - 1985 | - Wachsende Bedeutung der eigenen DV<br><br>- Verlagerung von DV-Prozessen aus RZ's in das eigene Unternehmen<br><br>- Expansion von wenigen (spezialisierten) Servicerechenzentren | - Technologische Entwicklung der DV, insbesondere im Bereich der MDT (Mittlere-Datentechnik)<br><br>- Branchensoftware |
| ca. ab 1985 | - Kombination von zentraler (im Service-RZ) und dezentraler DV (im eigenen Unternehmen) ("Outsourcing" von Teilfunktionen) | - Preisentwicklung bei Hard- / Software<br><br>- Personalsituation<br><br>- Erfahrungen mit der eigenen DV<br><br>- Angebote von "Mehrwertdiensten" |

**Abb. 2**

## Monatliche DV-Kosten je Terminal für SAP-Nutzer

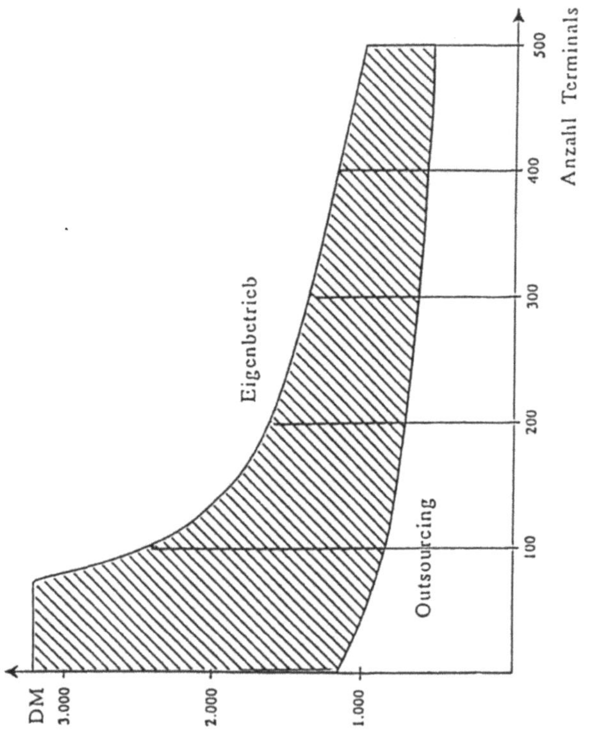

DM

3.000

2.000

1.000

Eigenbetrieb

Outsourcing

100   200   300   400   500    Anzahl Terminals

veröffentlicht in: Radermacher, R.: Outsourcing: Symbiose auf Gedeih und Verderb ? In: Die Computerzeitung Nr. 17/91 vom 31.3.1991, S. 3

Abb. 3

# 10 Aussagen zu einer erfolgversprechenden Strategie für ein DV-Serviceunternehmen

1. Es ist nicht sinnvoll, das volle Spektrum der DV am Markt anzubieten. Eingegrenzte, spezialisierte Dienstleistungen für klar definierte Zielgruppen sollten ausgewählt werden. Diese sollten trotz weiterer technologischer Entwicklungen auch zukünftig noch attraktiv sein.

2. Das Angebot sollte berücksichtigen, daß bestimmte Funktionen auf jeden Fall beim Kunden verbleiben, insbesondere die Hoheit über die Ablauforganisation, und daß Funktionen, die einen Wettbewerbsvorteil bieten, nur unter bestimmten Umständen ausgelagert werden können.

3. Das Angebot muß kundenindividuell gestaltet und anpaßbar sein.

4. Die Schnittstellen zwischen zentralen und dezentralen Teilsystemen müssen einfach und sicher sein.

5. Ein DV-Serviceunternehmen benötigt eine umfassende, professionelle Infrastruktur.

Abb. 3

# 10 Aussagen zu einer erfolgversprechenden Strategie für ein DV-Serviceunternehmen

6. Hard- und Software und sonstige Infrastruktur muß sich laufend an die Erfordernisse des Marktes anpassen und die technologischen Entwicklungen berücksichtigen.

7. In der individuellen Vertragsgestaltung mit dem Kunden ist dem Wunsch, langfristig nicht vom Serviceunternehmen abhängig zu werden, Rechnung zu tragen.

8. Die im Servicegeschäft eingesetzten Mitarbeiter müssen qualifiziert, motiviert und serviceorientiert sein.

9. Das Serviceunternehmen benötigt eine auf das Geschäft bezogene Aufbauorganisation.

10. Das Serviceunternehmen muß in der Lage sein, sich flexibel an die Markterfordernisse anpassen zu können.

DV KÜCHE
RUF' SCHNELL DEN OUTSOURCING-SERVICE AN!!
INFORMATIONSTECHNIK
VORSPRUNG DURCH
aus: Computerwoche Nr. 36 / 1991 vom 6.9.1991, S. 9

**Abb. 4**

Dr. Günther Buchholz     geboren 1941, Studium der Wirtschaftswissenschaften in Tübingen, Berlin und Köln mit Abschluß Dipl. Kfm. (1965) und Dipl. Volksw. (1966); wiss. Assistent an der Universität (TH) Karlsruhe (BWL, Org., Untern.Führung), dort Promotion zum Dr. rer. pol. (1973); 1974 -1977 Beteiligungsges. für die Dt. Wirtschaft mbH, Frankfurt/Main (Dresdner Bank AG); ab 1977 Stinnes AG, Mülheim, Leiter Abt. Betriebswirtschaft bzw. Planung und Organisation; ab 1982 Vorsitzender der Geschäftsführung Stinnes-data-Service GmbH, zeitweise auch Stinnes-data-Organisationsberatung GmbH; 1985 Direktor

Klaus P. Hofmann

# Von der Lochkarte
# bis zum PC-Netz/
# Client-Server-System

Dipl.-Kfm. Klaus P. Hofmann, Geschäftsführer der GUF Gesellschaft für Unternehmensführung mbH, Hamburg

# Gliederung

1.  Rückblick

2.  Fertigungssysteme

3.  Realisierung eines Fertigungssteuerungssystems im PC-Netz

4.  Erkenntnisse und Ausblick

## 1. RÜCKBLICK

Vor etwa dreißig Jahren war der Einsatz der Datenverarbeitung
geprägt von der Behandlung von Massendaten zur Beschleunigung
und Vereinfachung von Verwaltungsarbeiten unter gleichzeitiger
Realisierung von Rationalisierungspotentialen.

Gegenstand der Verarbeitung waren gegenwarts- und vergangen-
heitsbezogene Aufgaben der Erstellung von tätigkeitsbeglei-
tenden Unterlagen sowie der daraus entstehenden Abrechnungs-
und Kontrollbelege. Zukunftsgerichtete planerische und
dispositorische Funktionen wurden nur in sehr beschränktem
Umfang unterstützt.

Typische Anwendungsbereiche im Handel waren Bestellwesen,
Bestandrechnung, Fakturierung und Buchhaltung. In den Banken
waren Kontokorrent und die Rechnung von Zinsstaffeln und
Tilgungsplänen wesentliche Aufgabengebiete. In der Versiche-
rungsbranche, richteten sich die Anwendungen vorwiegend auf
Bestandverwaltung und Inkasso.

Nur in der Fertigungsindustrie wurden neben abrechnungstech-
nischen Anwendungen wie Lohnabrechnung, Materialabrechnung und
Bestandsrechnung schon dispositorische Aufgaben zur Bestands-
und Ablaufoptimierung gelöst.

Die Einsatzgebiete wurden geprägt durch die zur Verfügung
stehende Datenverarbeitungstechnik, die Möglichkeiten der
Programmierung und nicht zuletzt durch die vergleichsweise
hohen Kosten.

Zwar gab es schon zu Beginn der sechziger Jahre Online- und
Realtime-Anlagen mit Multiprogramming (siehe Tabelle zum Stand
der Datenverarbeitung um 1960). Diese Anlagen waren bereits mit
Bildschirmgeräten bestückt. Die Rechner arbeiteten vorwiegend
auf der Basis von Transistoren und Dioden. Sie verfügten über
interne Speicherung mit Kernspeichern und Magnettrommeln und
externe durch Magnetbänder. Wegen der vergleichsweise extrem
hohen Kosten blieben sie - neben dem Einsatz bei Fluggesell-
schaften oder in wissenschaftlichen Anwendungen - nur wenigen
sehr großen Unternehmen wie etwa Versandhäusern vorbehalten.
Außerdem erforderten sie Spezialisten mit weit über dem
Durchschnitt liegenden Programmierkenntnissen.

STAND DER DATENVERARBEITUNG (UM 1960)

|  | Lochkartentechnik | EDV |
|---|---|---|
| Eingabe | Lochkarten<br>Markierungskarten | Bildschirm |
| Verarbeitungsform | Stapelverarbeitung | Online/Realtime |
| Ausgabe | Listen<br>Lochkarten | Bildschirm<br>Prozeß |
| Rechner   -intern | Mechan. Zähler<br>Relais | Transistoren<br>Dioden |
|        -extern | Röhren |  |
| Speicher -intern | Mechan. Zähler<br>Relais | Kernspeicher<br>Magnettrommeln |
|        -extern | Lochkarten<br>Magnettrommeln<br>(Ext. Rechner) | Magnetbänder |
| Programmierung | Mechanik<br>Stecktafeln | Maschinencode<br>Assembler |

Die normalen Groß- und Mittelbetriebe, zu denen auch die Fertigungsindustrie zu rechnen war, bediente sich damals - wenn
überhaupt - der Lochkartentechnik. Sie war repräsentiert durch
Tabelliermaschinen, Sortiermaschinen, Kartendoppler und
-mischer mit Stecktafelprogrammierung und sogar (bis etwa 1960
im Angebot) mit mechanischer Programmierung (Bowdenzüge in
einer sogenannten "Leitkammer").

Zur Eingabe wurden Lochkarten bzw. Markierungskarten verwendet,
die in Stapelverarbeitung zu Listen beziehungsweise Ergebnis-
lochkarten umgewandelt wurden. Interne Rechner waren vorwiegend
mit mechanischen Zählwerken und Relais bestückt.

Daneben standen externe Rechner auf Röhrenbasis zur Verfügung,
die entweder als freistehende Geräte die Ergebnisse in Lochkar-
tenform ausgaben oder im Anschluß an Tabelliermaschinen
(Nixdorf Elektronensaldierer und -multiplizierer) den Rechenvor-
gang beschleunigten oder - in Verbindung mit Dopplern und
Sortiermaschinen und Doppler - erst ermöglichten. Abgrundet
wurde das Angebot durch externe Magnettrommelrechner,
überwiegend im Anschluß an normale Lochkartenmaschinen.

In allen Branchen, so auch im Fertigungsbereich, mußten die
Programme für die Lochkartenmaschinen vor allem wegen der
externen Programmierung auf den Stecktafeln individuell
erstellt werden.

Erst mit Aufkommen der IBM 1401 und später der /360 wandelte
sich das Bild. Die vorher vereinzelt anzutreffenden EDV-Anlagen
waren so lange als "Exoten" angesehen worden, denen die Anwender - richtungsweisend vom Marktführer beeinflußt - keine besonderen Zukunftschancen einräumten, bis eben dieser Hersteller
mit einiger Zeitverzögerung selbst mit EDV-Anlagen auf den
Markt kam.

Wegen der dafür verwendeten internen Programmierung mit Eingabe
in Form von Lochkarten wurde der Programmaustausch wesentlich
erleichtert. Das führte besonders in der Fertigungsindustrie,
bei denen die Programmnutzung, anders als beispielsweise bei
Banken, keine direkten Auswirkungen auf den Wettbewerb hatte,
zur Entwicklung von Standardlösungen. Hinzu kommt, daß zweifellos die Aufgaben im Zusammenhang mit der Materialwirtschaft und
der Fertigung in stärkerem Maße vereinheitlicht werden konnten.


## 2. FERTIGUNGSSYSTEME

Die Module in diesen beiden Bereichen sind von der Grundanfor-
derung her betrachtet in allen Unternehmen vorhanden. Dabei
handelt es sich um:

Fertigungsvorbereitung

- Stücklisten
- Arbeitspläne

Auftragsdisposition

- Kundenaufträge
- Absatzplanung

Fertigungsaufträge

Materialwirtschaft

- Stücklistenauflösung
        - Neuaufwurf
        - Netto-Veränderungsmethode
- Beschaffung
        - Bedarfsermittlung
        - Teileverwendungsnachweis
        - Bestellwesen
        - Wareneingang
        - Materialentnahme

Zeitwirtschaft

- Kapazitätsplanung
- Feinterminierung
- Arbeitspapiere

Feinsteuerung

- Leitstand
- Betriebsdatenerfassung (BDE)


Zur Ausweitung des Geschäftes bemühten sich besonders die
Hersteller von DV-Anlagen um die Entwicklung einschlägiger
Software-Pakete. Die angebotenen Standardlösungen sollen hier
beispielhaft am Angebot der Firma IBM dargestellt werden. Dabei
zeichnet sich historisch folgendes Bild:

- 1966

  Stapelanwendungen auf der Basis von
  Eigenentwicklungen der Anwender

  - Stücklistenauflösung
  - Teileverwendungsnachweis
  - Bestandsverwaltung
  - Arbeitspapiere
  - Materialscheine
  - Lohnscheine

1966 - 1970/72

  Herstellerlösungen für Stapelanwendungen

  - BOMP - Stücklistenverwaltung
  - MINCOS I - mengenmäßige Lagerbe-
    standsverwaltung, Bestellpunkt-
    ermittlung
  - MINCOS II - wertmäßige Bestands-
    verwaltung
  - Krauss`sche Terminierung (Werk-
    stattauftragsverwaltung, Durch-
    laufterminierung, Kapazitäts-
    planung)

**1970 - 1974/75**

- PICS - Production Information and
  Control System
- RP - Requirements Planning
- IC - Inventory Control
- CPS - Capacity Planning System
  (gegen unendliche Kapazität)
- SFC - Shop Floor Control
- CLASS - CAPOSS - Erweitertes
  Terminierungssystem

**1971 - 1973**

- Entwicklung und Veröffentlichung
  eines kommunikationsorientierten
  Verfahrens in Form einer mehrbän-
  digen Dokumentation

(1972    Erste SAP-Pakete)

1975 - 1991

        - COPICS - Communication Oriented
          Production Information and Control
          System (zuletzt ca. 19 Module)


1984 - 1985

        - CIM-Architektur (Portable Anwen-
          dungen auf der Basis relationaler
          Datenbanken und einheitlicher
          Benutzeroberfläche)


Der Aufwand für die Einführung und den Betrieb solcher umfas-
senden Systeme auf Großrechnern wird in finanzieller und
zeitlicher Hinsicht oft weit unterschätzt. Werte für

- Einmalige Kosten        250.000 - 2.500.000 DM
- Laufende Kosten         600.000 - 1.000.000 DM
- Zeitbedarf              2 - 4 Jahre

sind keine Seltenheit.

## 3. REALISIERUNG EINES FERTIGUNGSSTEUERUNGSSYSTEMS IM PC-NETZ

Die Nutzung moderner PC-Netze/Client-Server-Systeme ermöglicht
nunmehr auch kleineren Unternehmen den Einsatz umfassender
Fertigungssteuerungssysteme.

Die Erfahrungen mit der Entwicklung und Einführung eines
solchen Systems soll am praktischen Beispiel eines mittleren
pharmazeutischen Unternehmens mit rund 400 Mitarbeitern
dargestellt werden.

Dort war bereits eine Anlage der mittleren Datentechnik mit
rund 25 Bildschirmen installiert. Daneben wurden ca. 50 PC
teilweise vernetzt verwendet. Die Anwendungen auf der mittleren
Datentechnik bezogen sich im wesentlichen auf das Rechnungswesen, die Stücklistenverwaltung, die Bestandsverwaltung und
die Bestellschreibung, Anwendungsgebiete, wie sie infolge von
unternehmensinternen Zwangsprioritäten entstanden sind.

Im Unternehmen war vorgesehen, eine Gesamtkonzeption für die
Informationsverarbeitung mit einem strategischen Horizont bis
zum Jahre 2000 zu entwickeln.

Durch eine starke Erweiterung des Unternehmens waren aber bis
zum Zeitpunkt der Erstellung des Konzeptes, mehr noch aber bis
zu dessen Realisierung für den Fertigungsbereich extreme Engpaß-
situationen zu befürchten.

Deswegen wurde beschlossen, für den Übergangszeitraum eine
Sofort-Lösung zu entwickeln. Dabei war zunächst beabsichtigt,
die Anforderungen auf ein Minimum zu reduzieren, um nur die
wesentlichsten Unterlagen zur Verfügung zu stellen.

Entstanden ist daraus ein abgerundetes PPS-System für praktisch
alle Teilbereiche der Material- und Zeitwirtschaft mit mehr als
provisorischem Charakter. Es wurde binnen weniger Monate
konzipiert, programmiert und in den Fachabteilungen eingeführt.

Das System wurde in einem Team aus sechs internen Mitarbeitern
und dem Autor als externen Berater in nur 25 Teamsitzungen von
je zwei Stunden Dauer entwickelt und zur Realisierung vorbe-
reitet.

Die Verarbeitung erfolgt in einem PC-Netz, in dem mehr als 35
PC mit der Novell-Netz-Software verbunden sind. Als Server
dient ein Compaq 386 mit 120 MB. Für die Datenbankentwicklung
(dBase-kompatibel) und die Programmierung wurde Foxpro
verwendet. Die komplette Realisierung des Fertigungssteuerungssystems beanspruchte etwa 500 Programmierstunden.

4. ERKENNTNISSE UND AUSBLICK

Als Vorteile bei einer Realisierung im PC-Netz haben sich in
der Praxis abgezeichnet:

- schnelles Angebot "anfaßbarer Lösungen"

- Einbeziehung der Benutzer durch echtes "Prototyping"

- elegante Benutzeroberflächen

- direktes Üben am neuen System

- umgehende Reaktion auf Änderungswünsche

- geringe Kosten


Das System bietet kleineren Betrieben die Möglichkeit, zu vergleichsweise günstigen Bedingungen über ein Instrumentarium zu verfügen, das bislang nur für größere Unternehmen wirtschaftlich erschien.

Da sich die Fertigungstiefe in Zukunft voraussichtlich im Sinne von "lean production" auch bei diesen verringern wird, können solche "kleinen" Systeme selbst für größere Fertigungsbetriebe von Interesse werden. Sie gestatten auch eine Entflechtung der einzelnen Produktionsbereiche bei gleichzeitiger Beibehaltung des übergeordneten und integrierten Informationshaushaltes.

HOFMANN, Klaus P.       Dipl.-Kfm., Nach dem Studium in den
                        Fachrichtungen Wirtschaftsingenieurwesen an
                        der TH Darmstadt und Betriebswirtschafts-
                        lehre an der Universität Frankfurt/M
                        1958 Eintritt bei BULL Deutschland Loch-
                        kartenmaschinen GmbH. Drei Jahre Vertriebs-
                        leiter für Hessen Nord. Danach drei Jahre
                        Geschäftsstellenleiter bei Remington Rand
                        UNIVAC. Ab 1965 Partner in einer kleinen
                        Unternehmensberatung. Danach sieben Jahre
                        bei PA Management Consultants GmbH, davon
                        drei Jahre als Mitglied der Geschäftslei-
                        tung. 1974 - 1981 ORG-Chef des deutschen
                        Philips-Konzerns. Seither Geschäftsführen-
                        der Gesellschafter der GUF Gesellschaft für
                        Unternehmensführung mbH, 2000 Oststeinbek.

**B: Gegenwärtige und zukünftige Anwendungssysteme; Rolle der Informationswirtschaft im Unternehmen**

Werner Brack

# easy cash und MAFIS

## zwei Beispiele elektronischer Zahlungs- und Informationssysteme für den Alltag

Dr. Werner Brack, Geschäftsführer Mannesmann Datenverarbeitung, Ratingen

Gliederung

# 1  easy cash



# 2. MAFIS = Mannesmann Freizeitanlagen Informations- und Steuerungssystem

# easycash

## 1 electronic cash

Handelsunternehmen können ihre Position für die Zukunft nur mit durchgreifenden
Strategien sichern.

Information und Kommunikation sind dabei Schlüsselbegriffe zur Lösung der Aufgaben.
Ein Weg ist die bargeldlose Bezahlung im Handels- und Tankstellenbereich oder mit einer
Karte (electronic cash-System am Point of Sales - POS).

Elektronische POS-Systeme gewinnen immer stärker an Bedeutung.
Zahlungen mit eurocheque-, Kredit- und Kundenkarten steigen rasant.
Der Erfolg des Einsatzes von electronic cash ist nicht nur von der Akzeptanz der
Karteninhaber, sondern auch von den technischen Rahmenbedingungen und der
Anwendungssoftware abhängig.

Ein einheitliches POS-Netz konnte in der Bundesrepublik nicht durchgesetzt werden,
deshalb richten sich die POS-Lösungen an den Bedürfnissen des jeweiligen Marktes aus;
sie sind nur z.T. firmen- oder branchenspezifisch, denn sie erfüllen die allgemeinen
Anforderungen des Handels.

## 2 Starke Partner

Als Kooperation von Mannesmann Datenverarbeitung, Hanse Consult und Siemens Nixdorf
verbindet easycash die Kompetenz bei Anwendungslösungen im POS-Bereich mit großer
Erfahrung im Netzwerkbereich und bei Kassensystemen. Somit wird ein komplettes
Dienstleistungspaket für den elektronischen Zahlungsverkehr angeboten.

**easycash** bietet ein intelligentes Dienstleistungs-Netzwerk, das zusammen mit dem
Netzwerkmanagement einen ununterbrochenen Informationsaustausch sicherstellt.
Die Funktionsfähigkeit des Netzes und aller Komponenten für die ec-Durchführung wird bei
**easycash** durch eine ZKA- (Zentraler Kreditausschuß der deutschen Kreditwirtschaft)
Abnahme bestätigt. Eine enge und dauerhafte Zusammenarbeit mit dem Anwender ist
selbstverständlich.
Mit **easycash** finden Sie starke Partner für Ihre ehrgeizigen Ziele und für wirtschaftliche
Lösungen.

## 3     Das POS-System der Zukunft

**easycash** wurde aufgrund der Erfahrungen der Kooperationspartner für die Zielmärkte Handel, Tankstellen und Kreditgewerbe entwickelt.

Gleichzeitig ist es Basis für eine Netzwerk-Infrastruktur (Warenwirtschaft, Filialsteuerung). Basis für dieses POS-System ist nicht nur ein vorhandenes, sicheres 'physikalisches Netzwerk', sondern auch ein zuverlässiges Netz von Dienstleistungen.

**easycash** ist ein System modularer Softwarepakete. Innerhalb des POS-Netzes bieten die Module die Funktionalitäten: Autorisierung, Zahlungsverkehr, Netzknoten und Sicherheit. Intelligente **easycash**-Netze adressieren, transportieren und bearbeiten die Handelsdaten aus Geld- und Warenverkehr. Das erfordert absolute Kompetenz von der Autorisierung über das Kostenmanagement bis hin zur Kommunikation mit den Lieferanten. Dies bedeutet zugleich die Integration in bestehende Netze.

## 4     Einfache und schnelle Kassen-Erledigung

. Rechnungsbetrag wird ermittelt

. Karte wird vom Kartenleser gelesen

. Kunde identifiziert sich durch Geheimzahl (PIN) über Tastatur

. Kunde bestätigt Rechnungsbetrag

. Daten werden verschlüsselt über das Netz an ein zuständiges Autorisierungssystem der
  Kreditwirtschaft geleitet und dort geprüft. Bei positivem Ergebnis ist der Zahlungsvorgang
  erwirkt.

. Kunde erhält Quittung über alle gekauften Artikel und eine Zahlungsbestätigung.

## 5     Autorisierung

**easycash** ermöglicht die Online-Autorisierung von eurocheque-Karten, auch die Online-Autorisierung von Kreditkarten, wenn die Kreditkarten-Gesellschaften die hierfür erforderlichen Rahmenbedingungen geschaffen haben.

Unter Beachtung der Sicherheitsvorschriften werden die individuellen Dialoge mit dem POS-Terminal in das Format umgesetzt, das von der Kreditwirtschaft vorgeschrieben ist.

Über einen Netzrechner wird die Verbindung zu dem zuständigen Autorisierungssystem an das POS-Terminal gemeldet.

## 6     Zahlungsverkehr

**easycash** unterstützt den Zahlungsverkehr durch einen Abrufplan. Dabei werden die Umsatzdaten eines POS-Terminals ermittelt und nach Kartenart und Bereitstellung für den Zahlungsverkehr aufbereitet. Umgekehrt werden Software-Updates, Kartenprofile, elektronische Post sowie Preis- und Artikelpflege an die POS-Terminals übermittelt.

**easycash** bearbeitet beim Zahlungsverkehr die Kartenarten Kreditkarten (T- und E-Karten), eurocheque-Karten, firmenspezifische Kundenkarten (Handel, Mineralölfirmen).

Die electronic cash-Umsätze werden jeden Tag zu einem festgesetzten Zeitpunkt abgeschlossen. **easycash** leitet die aus der Umsatzdatei erstellten Zahlungsdaten an die Kreditinstitute weiter.

Der Gegenwert wird dem Vertragsunternehmen auf das Konto seiner Bank gutgeschrieben. Im Rahmen der monatlichen Abrechnung wird eine Liste je Kassenplatz der ec-Umsätze und der Transaktionen erstellt. Diese endgültige Abrechnung enthält dann auch die Gebühr für den Netzbetrieb und die ec-Autorisierungsgebühr.

## 7 Netzknoten und Netzüberwachung

Alle Netzaktivitäten werden mittels Bildschirmmasken geprüft und gesteuert. **easycash** ist sowohl auf Rechnern als auch auf Front-End-Prozessoren einsetzbar. Die Daten zu den dezentralen POS-Terminals werden z.Z. noch über das Datex-P-Netz gesendet. Gesicherte Übertragungsprotokolle übernehmen den Datentransfer zu allen Systemeinheiten. Die Sicherheit beim Einsatz von POS-Netzen wird gewährleistet, denn der Schutz von Mißbrauch und Manipulation entspricht den Sicherheits-Anforderungen, die der ZKA an derartige Systeme stellt.

**easycash** bietet Sicherheit für Integrität, Vertraulichkeit und Schutz gegen Mißbrauch. Unterschiedliche Verschlüsselungskreise zwischen Autorisierungssystemen, Rechner und POS-Terminals gewährleisten diese Sicherheit. Hauptmerkmal des Sicherheitskonzeptes ist die Verschlüsselung der persönlichen Geheimzahl (PIN). **easycash** als Systemlösung für den elektronischen Zahlungsverkehr wurde auf der Basis einer vertraglichen Vereinbarung mit der Kreditwirtschaft (ZKA) zugelassen.

## 8 Dienstleistung

**easycash** wird vervollständigt durch ein projektbegleitendes Dienstleistungsangebot.

Das Angebot umfaßt:

. Kompetente Beratung bei der Einführung kartengestützter Zahlungssysteme

. Minimierung durch individuelle Planung

. Integration in bestehende eigene Warenwirtschaftssysteme

. Umfassender Wartungsservice.

## 9 Beratungsleistungen

. Auswahl von Kassen und Terminals

. Organisation des Geldkarten-Einsatzes im Unternehmen

. Integration in bestehende Netze einschließlich Netzüberwachung

. Einhaltung der Sicherheitsvorschriften

. Karten-Management.

## 10 Rechenzentrums-Betrieb

. Kontifahrweise (24-Std./Tag/365 Tage/Jahr)

. Gewährleistung vereinbarter Verfügbarkeiten und Antwortzeiten

. Betrieb und Überwachung des Netzwerkes

. Einleitung Clearing

. Kundenbetreuung (User Help Desk)

. Datensicherung und Datenschutz

## 11 Differenzierung zu anderen offenen Netzen

. Verarbeitung aller Kartenarten (eurocheque-Karten, Kredit-Karten, Kunden-Karten)

. Prüfung im Netzrechner gegen Blacklist und Floorlimit

. Bei intelligenten Kassen nur PIN PAD erforderlich (preiswerte Lösung)

. Sammeln von Warenwirtschaftsdaten (aufbereiten und übermitteln)

. Integration von kundeneigenen Netzen

. Transaktionsbezogene Leistungsabrechnung (durchsichtiger, Umwandlung in Paketpreis nach Einführung).

## 12 electronic cash wird akzeptiert

. an Tankstellen (PIN-PAD's)

. im Handel (PIN-PAD's); Entgegennahme von Kunden- und Kreditkarten; Integration von Warenwirtschafts-Systemen

. bei Banken (Geldausgabe-Automaten)

**easycash** ist

. Banken- und Hersteller-neutral

. flexibel und sicher

# MAFIS

**Mannesmann Freizeitanlagen Informations- und Steuerungssystem**

## 1 Freizeitanlagen im Wandel der Zeit

Wer sich als Unternehmer den veränderten Bedingungen des Marktes nicht anpaßt, gefährdet seine Konkurrenzfähigkeit. Das gilt auch für Betreiber von öffentlichen und privaten Bädern, Saunen, Fitness-, Tennis- und Squash-Centern und anderen Freizeitanlagen.

Die Besucher dieser Einrichtungen werden anspruchsvoller, sie suchen neben einem vielfältigen, abwechslungsreichen Angebot auch nach Möglichkeiten der Entspannung und Geselligkeit und setzen somit ein Maximum an Komfort und Benutzerfreundlichkeit voraus.

Das Mehr an Leistung erfordert jedoch ein Mehr an Organisation, eine höhere Flexibilität und ein besseres Kostenmanagement.

Wer Erfolg erzielen will, muß es seinen Gästen leichtmachen, möglichst viele Angebote wahrzunehmen. Dazu gehört, daß sich der Besucher an jeder Stelle der Anlage spontan und bargeldlos entscheiden kann. Technische Lösungen gibt es bereits: z.B. Induktiv-, Magnetstreifen- oder Barcodekarten als modernes "Sesam, öffne dich". Diese Kartensysteme können jedoch weitaus mehr leisten, wenn sie in ein durchdachtes EDV-System integriert sind. MAFIS - eine speziell für Freizeitanlagen entwickelte Anwendungslösung - bietet alle genannten Möglichkeiten.

## 2 MAFIS - Eine neue Qualität der Anwendungslösung

Mit dem Mannesmann Freizeitanlagen Informations- und Steuerungssystem (MAFIS) können alle Einrichtungen und Leistungen einer Freizeitanlage bargeldlos von den Gästen genutzt werden. Fundierte betriebswirtschaftliche und technische Analysen/Auswertungen ermöglichen eine Optimierung aller Sektoren in Freizeitanlagen.

Grundlage aller Vorgänge ist die MAFIS-Systemkarte. Ob in einer Anlage Induktiv-, Magnetstreifen-, Chip- oder Barcode-Karten eingesetzt werden, hängt allein von den betrieblichen Gegebenheiten und den Wünschen der Betreiber ab. Weil die MAFIS-Systemkarte keine Informationen aufnimmt - von ihr ausgelöste Informationen werden im Rechner gespeichert-, werden die Anforderungen und Kosten der Leseeinheiten gesenkt und gleichzeitig deren Ausfall- und Betriebssicherheit erhöht.

Bei MAFIS werden keine Geldbeträge auf die System-Karte geschrieben. Sämtliche in Anspruch genommenen Leistungen und Geldbeträge sind im Rechner gespeichert.

Die MAFIS-Systemkarte dient in vielfältiger Weise als Schlüssel, um z.B. für das Personal gesonderte Personalleistungen zu beziehen oder durch Integration des MAFIS-Zeiterfassungssystems die Arbeitszeit individuell zu gestalten oder getätigte Umsätze von Kellnern und Kassen zu registrieren, bis hin zur Nutzung zahlreicher anderer Funktionsgruppen, wie Garderoben-Schränke, Schließfächer, Automatenbedienung u.v.a.m.

## 3 Betriebssystem und Datenbank

Unabhängigkeit und Sicherheit waren die Hauptaspekte für die Entscheidung, MAFIS unter dem Standard-Betriebssystem UNIX[1] zu implementieren, im Hinblick auf die Vielzahl der möglichen Zulieferanten für den Kassenarbeitsplatz, Drehkreuze u.v.a.m. und damit auch auf ein sicheres Erzielen hoher Preisstabilität. Weil UNIX[1] insbesondere technisch-wissenschaftliche Anwendungen unterstützt, dringt MAFIS in den Bereich der Prozeß- und Anlagensteuerung vor und ist somit die Voraussetzung für die Bearbeitung der vom Gast innerhalb der Freizeitanlage ausgelösten Vorgänge.

So ist MAFIS eine zukunftsweisend geschriebene, transaktionsgerichtete Datenbank-Anwendung, hoch entwickelt bis auf den Stand neuester Methoden und Techniken. Zum Einsatz kommt die PROGRESS[2]-Datenbank- Software. Sie ist das Herzstück von MAFIS. Erfolgreiches Management fordert die volle Transparenz der betrieblichen Abläufe. An die Stelle von Gefühlen und Intuitionen treten präzise Daten als zuverlässige Basis für betriebswirtschaftliche sinnvolle Entscheidungen. Deshalb gilt es, die richtigen Daten zu verarbeiten und sie leicht verständlich aufzubereiten. Mit MAFIS ist eine umfangreiche Datenbank mit entsprechenden Informationsmöglichkeiten schnell aufgebaut.

Die MAFIS-Nutzung ist unter den Schutz eines Paßwort- und Level-Systems gestellt und in mehreren Sicherungsebenen gegliedert, wobei nicht nur die Benutzer, sondern auch die Berechtigungen des Nutzens der einzelnen Module geprüft werden. Darüber hinaus sind die Kassen zusätzlich gesichert, sowohl durch Paßworteingabe als auch über die Personalkarte.

## 4 Vielfältige Anwendungsmöglichkeiten durch modularen Aufbau

MAFIS ist ein modular aufgebautes System. Das gesamte System setzt sich aus verschiedenen Bausteinen zusammen, wie Eintrittskasse, Ein-/Ausgangskontrolle, Gastronomie, Shop, Kunden-verwaltung, Schrankverwaltung, Warenwirtschaft, Statistik, Anlagensteuerung und Zeiterfassung. Das System wird noch um die Module Platzverwaltung und Mitgliederverwaltung ergänzt.

Eingetragene Warenzeichen:
[1] UNIX: AT&T
[2] PROGRESS: Progress Software Corporation

Neben den erwähnten Datenbank-Anwendungen und der Systemkarte ergeben sich noch viele
andere zusätzliche Anwendungsmöglichkeiten:

### Erkennen von Veränderungen im Gästeverhalten

Besucherfrequenz, Verweildauer in der Anlage oder Pro-Kopf-Umsatz lassen sich unmittelbar
abrufen und die Ursachen bei Abweichungen besser analysieren. Der ständige Zugriff auf
aktuelle Daten erleichtert die Entscheidung für geeignete Maßnahmen.

### Unmittelbare Information über Auslastungsgrade

Schon am Terminal wird ersichtlich, wann es in bestimmten Bereichen der Anlage zu Engpässen
kommt.

### Gastorientierter Personaleinsatz

Exakte Statistiken über den Nutzungsgrad der einzelnen Bereiche - von durchschnittlichen
Jahreswerten bis zu Tagesdaten - geben Aufschluß, wann und wo die Mitarbeiter entsprechend
einzusetzen sind. MAFIS liefert die Vorgaben für erfolgreiches Personalmanagement.

### Präzise Erfolgskontrolle

Ob für einzelne Bereiche oder für die gesamte Anlage, mit MAFIS lassen sich Absatz und
Umsatzstatistiken jederzeit auf dem Bildschirm anzeigen oder auf dem Drucker ausdrucken.

### Gezielte Werbemaßnahmen

Die größere Transparenz des Gästeverhaltens in Kombination mit den Informationen aus der
Stammkundendatei erlauben erfolgreiche, kalkulierbare Sonderaktionen oder Directmailings.

### Exakte Kostenrechnung

Die Auswertung der Kosten nach verschiedenen Kriterien (Kostenstelle, Kostenart oder
Kostenträger) ist schnell und einfach möglich. Auf Abweichungen vom Kostenplan kann
rechtzeitig reagiert werden.

Selbstverständlich kann MAFIS noch mehr. Ob es die solide Basis für eine erfolgreiche Profit-
Center-Organisation liefert, ein intelligentes Warenwirtschaftssystem steuert oder ein
praxisgerechtes Informations- und Berichtswesen ermöglicht, MAFIS ist die entscheidende
Organisationshilfe für Freizeitanlagen.

## 5       MAFIS im täglichen Einsatz

An einem Beispiel (Therme Soltau) soll die Ablauforganisation einmal dargestellt werden.

Beim Betreten der Freizeitanlage erhält der Besucher die MAFIS Systemkarte. Auf dieser Karte ist die Schrank-Nummer aufgedruckt. Die Karten-Nr. wird mit Hilfe eines Lesers in das EDV-System eingelesen und damit das Gastkonto (Schrank-Nr. = Gast-Konto-Nr.) eröffnet. Mit dieser Karte kann der Besucher seinen Schrank öffnen und schließen. Man trägt sie an einem Armband bei sich.

Beim Besuch der Sauna öffnet die Karte über den Eingangsdrehkreuz-Leser das Drehkreuz. Die Eingangszeit wird vom System erfaßt. Beim Verlassen der Sauna wird ebenso der Ausgang freigeschaltet. Das System ermittelt die Besuchszeit und belastet das Gast-Konto entsprechend dem Tarif. Beim Besuch des Sole-Bades und des Solariums wiederholt sich der Ablauf. Hat der Besucher Appetit auf ein "Wiener Schnitzel", so wird auch hier bargeldlos mit der MAFIS-Systemkarte in der Gastronomie bezahlt. Zeitschriften, Badeartikel etc. können mit der MAFIS-Karte ebenfalls erworben werden. Die lästige Wanderung zum Garderobenschrank - Geldbörse raus/rein - entfällt. Am Ausgang wird die MAFIS-Karte eingelesen, und am Bildschirm werden alle in Anspruch genommenen Leistungen angezeigt und beglichen.

Je nach Betreiberwunsch läßt MAFIS die Vorauszahlung, die Nachzahlung und die Mischzahlung zu. Sicherheitsfunktionen sorgen dafür, daß Betrugsdelikte ausgeschlossen werden. Bei Verlust der Karte muß der Besucher den Wert der Karte (max. DM 100,00 bei Erwachsenen) bezahlen. Das Sperren von Karten oder das Stornieren von Beträgen ist jederzeit möglich.

## 6       MAFIS auf einen Blick

### 6.1     Anlagenform

Die Berechtigung des Zu- und Ausgangs eines Gastes wird geprüft, entweder vom Personal der Freizeitanlage oder mittels Drehkreuze, die nach positivem Ergebnis vom MAFIS-System für die Einzelpassage entriegelt werden.

Bezahlt wird am Ein- oder/und Ausgang, selbstverständlich sind auch Mischformen der Bezahlung (Bargeld/bargeldlos) von Dienstleistungen innerhalb der Anlage möglich.

### 6.2     Tarife

MAFIS unterstützt alle üblichen Tarifformen. Der Betreiber einer Freizeitanlage kann die Tarife in ihren Ausprägungen jederzeit und unaufwendig ändern. Als besondere Service-Leistung können speziellen Gästen individuelle Vorzüge durch Eintrag in der Gäste-Datei eingeräumt werden. Bargeldloses Zahlen am Aus- oder Eingang ist mit der EC- oder Kreditkarte durch easycash (electronic cash) ebenfalls möglich.

## 6.3 Kasse

Die Kasse, als Personal-Arbeitsplatz am Ein- oder/und Ausgang, wird personenbezogen geführt, d.h. die Berechtigung, sie zu bedienen, wird durch Paßwortkontrolle oder Personal-Identitätskarte geprüft.

Alle Vorgänge werden auf das jeweilige Personenkonto gebucht. Die Kasse kann gleichzeitig sowohl Eingangs- als auch Ausgangskasse sein. Mit ihr können Eintritte geregelt, Berechtigungen zum Nutzen von Automaten direkt erteilt oder aktuelle Preise für in Anspruch genommene Leistungen ermittelt werden. Außerdem wird mit ihr der Nachweis der Besuchszeiten des Gastes in den einzelnen Bereichen und eine automatische Nachberechnung bei Zeitüberschreitungen durchgeführt.

Aber auch Waren können abgerechnet werden, wie z.B. bei dem Verleih oder dem Verkauf aus dem Bade-Sortiment.

Die Kasse ist mit allen üblichen Kassen-Funktionen ausgestattet, u.a. Sammelrechnung, Mehrfachverkauf, Kassen-/Schichtwechsel, Kassenabschluß usw., sie läßt sich mit einer frei programmierbaren Cash-Key-Tastatur bedienen, mit dem Tastenfeld einer Registrierkasse.

## 6.4 Statistik

Die Statistiken bestehen aus drei Hauptmodulen (Umsatz-, Auslastungs-, Verweildauer-Statistik) und einem Anschlußmodul.

Weil MAFIS Datenbank-gestützt ist, sind in kürzester Zeit weitere Statistiken und Reports nach Wunsch zu realisieren. Die Auswertungen können für beliebige Zeiträume und Bereiche gefordert werden. Sie sind dynamisch, das bedeutet, es wird nur das gewünschte Datenmaterial eines bestimmten Zeitraumes gespeichert, das nach den unterschiedlichsten Kriterien stets neu zusammengestellt werden kann.

## 6.5 Gastronomie-Kasse

Die Gastronomie-Kasse erfüllt alle Belange eines Gastronomie-Betriebes. Sie ist der Lager-/ Warenwirtschaft angeschlossen, das bedeutet, mit ihr werden die Ausgänge in der Lagerwirtschaft abgebucht; auch Speisen einschl. Zubereitungsstoffe inbegriffen, weil MAFIS auch Waren mit Rezepturen verwaltet.

## 6.6 Lagerwirtschaft

Das Lagerwirtschaftmodul führt das gesamte Lager - ausnahmslos.

## 6.7    Schranksystem

Das Modul Schranksystem weist die verschiedenen Schrankbereiche den Umkleideräumen zu und bildet exakt die räumlichen Gegebenheiten der Freizeitanlage ab. Die Schränke mit ihren Schlössern und Schlüsseln werden effizient verwaltet, Belegungslisten erstellt, die Nutzungen ermittelt, die Entwicklung nachgezeichnet usw., wobei die Funktionen ineinander wirken, wie z.B. bei einem Schloßwechsel. Wird ein Schloß ausgetauscht, so wird der entsprechende Schrank automatisch gesperrt, und zwar mit Angabe der wirklichen Ursache und nicht z.B.: "Tür klemmt". Darüber hinaus wird dem Eingangspersonal ein möglicher Versuch verwehrt, den Schlüssel zu diesem Schrank auszugeben.

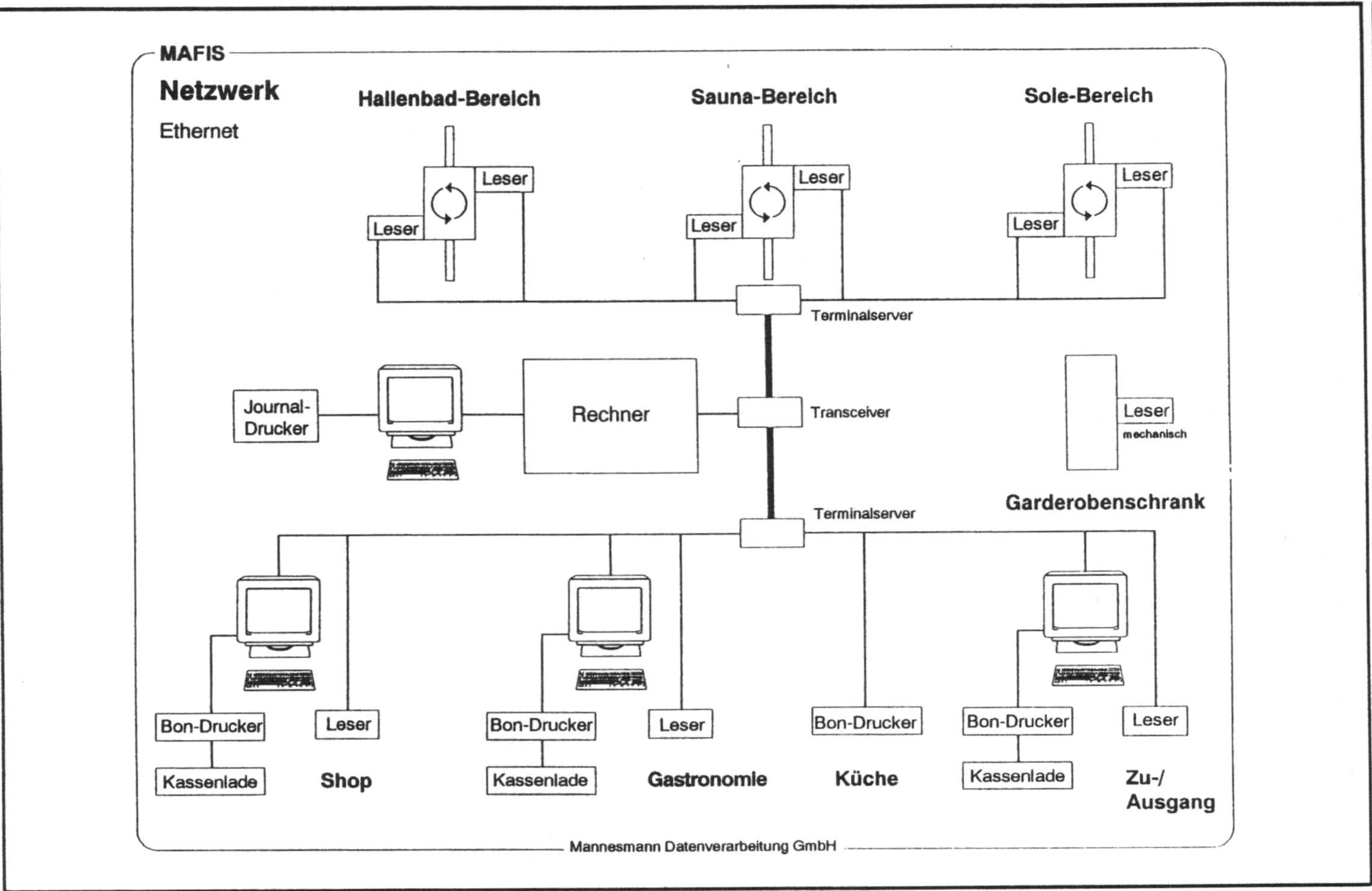


MAFIS
Netzwerk
Ethernet
Hallenbad-Bereich
Sauna-Bereich
Sole-Bereich
Leser
Leser
Leser
Leser
Leser
Leser
Terminalserver
Journal-Drucker
Rechner
Transceiver
Leser
mechanisch
Garderobenschrank
Terminalserver
Bon-Drucker
Leser
Kassenlade
Shop
Bon-Drucker
Leser
Kassenlade
Gastronomie
Bon-Drucker
Küche
Bon-Drucker
Leser
Kassenlade
Zu-/Ausgang
Mannesmann Datenverarbeitung GmbH

Brack, Werner  Dr. rer. pol., Dipl.-Kfm.
Geschäftsführer der Mannesmann Datenverarbeitung
GmbH. Studium der Volks- und Betriebswirtschaft an der
Freien Universität Berlin. Von 1950 bis 1970 bei der
Berliner Kraft- und Licht (BEWAG)-AG, verantwortlich
für die Bereiche Informationstechnik und Stromabrechnung.
1971 Wechsel zu Mannesmann.

Ragnar Nilsson

# Informationswirtschaft als strategischer Erfolgsfaktor eines Fertigungsunternehmens

Dipl.-Wirtschafts-Ingenieur Ragnar Nilsson, Direktor Organisation und Informationstechnik der Klöckner-Humboldt-Deutz AG, Köln

# Gliederung

**1.    Die Bedeutung der Informationswirtschaft als strategischer, integrierter Erfolgsfaktor**

**2.    Informationswirtschaft als wirtschaftlicher Erfolgsfaktor**

2.1    Durchgängige logistische Prozesse durch effiziente Ablauforganisation

2.2    Wettbewerbsvorteile durch Informationsverarbeitungs-strategien

2.3    Wirtschaftlichkeit integrierter Informationsverarbeitung

2.4    Die Qualität der Informationsverarbeitungs-Dienstleistungen

1.  **Die Bedeutung der Informationswirtschaft als strategischer, integrierter Erfolgsfaktor**

In Zusammenhang mit den sich ändernden Markt- und Wettbewerbseinflüssen auf die Unternehmen hat sich in den vergangenen Jahren die Informationswirtschaft als bedeutender strategischer Erfolgsfaktor des Unternehmens zur Zielerreichung herausgestellt.

Unter Erkennung der Risiken und Chancen für die angemessene Einbeziehung und Integration der Informationswirtschaft in die Unternehmenszielsetzung wurden die Möglichkeiten zur Verbesserung der Wettbewerbssituation realisiert.

Die Informationswirtschaft ist nicht mehr der ausschließliche Rationalisierungsfaktor, der interne Abläufe des Unternehmens unterstützt, sondern befindet sich im Wandel zum marktgerichteten Erfolgsfaktor.

Der verstärkte, zielgerichtete Einsatz von Organisations- und Informationstechniken ist für die Führung und die Organisation von Unternehmen wichtig.

Das zeigt sich insbesondere bei Struktur- und Ablaufveränderungen, die in Unternehmen unter anderem nur durch Verbesserungen der Ablauforganisation und durch den Einsatz von Informationsverarbeitungs-Instrumenten gemanagt werden können.

Es wird dabei sehr deutlich, daß die Nutzung der Informationswirtschaft sowie die dazu notwendigen operativen und strategischen Voraussetzungen der Kompetenz im Unternehmen bedürfen. Die Informationswirtschaft wird zur Managementsache.

Wird dieses übersehen, besteht nur eine geringe Chance, die Informationswirtschaft als strategischen Erfolgsfaktor des Unternehmens integriert einzusetzen.

Die durch den Einsatz von Informationstechniken bewirkten Wettbewerbsvorteile bedeuten auf der einen Seite eine Verbesserung der strategischen Position des Unternehmens gegenüber dem Wettbewerb. Es sind rechtzeitig geeignete Reaktionsmöglichkeiten auf Maßnahmen des Wettbewerbes und Anforderung des Marktes in den Vordergrund zu stellen.

Auf der anderen Seite ist die Konzeption und Realisierung der durch die Nutzung der Informationsverarbeitungs-Techniken nach intern und extern gerichteten Vorteile in die operativen und strategischen Unternehmensstrategien zu integrieren. Die Flexiblität der Anpassung von z. B. Produktionsplänen, Verkürzung der Produkt- und Entwicklungsdurchlaufzeiten, Verbesserung der Qualitätsmerkmale etc. sind herausragende Anforderungen an den integrierten Einsatz von Informationstechniken.

Die Voraussetzungen für die Effizienz der ablauforganisatorischen Maßnahmen sowie den Einsatz der Informationsverarbeitung ist die Durchgängigkeit der Arbeitsabläufe (Prozeß-Ketten) aller am Unternehmensprozeß Beteiligter (vgl. Abb. 1).

Die Informationswirtschaft und die eingesetzten Techniken sind als strategischer Bestandteil des Unternehmenserfolges zu sehen und müssen Markt- und Wettbewerbspotentiale für das Unternehmen erbringen.

Aus diesem Grunde sind die Anwendersysteme in dem Informations-Portfolio des Unternehmens mit hoher strategischer Attraktivität und Wirtschaftlichkeit zu versehen.

In der Zusammenarbeit der Informationsverarbeitung mit den übrigen Fachbereichen des Unternehmens hat sich eine fehlende oder ungenügende Integration und Koordination der unterschiedlichen Unternehmensstrategien gezeigt.

Die unterschiedlichen Teilstrategien der Fachbereiche eines Unternehmens sind zur Gesamtunternehmensstrategie abzugleichen, zu integrieren und den Unternehmenszielsetzungen anzupassen. Dabei haben die Fachbereichs strategien in hohem Maße eine starke Abhängigkeit und Verknüpfung der Informationswirtschaft, die als Integrationsfaktor der Gesamtunternehmens-

Strategie die Wettbewerbsvorteile für das Unternehmen erbringen soll (vgl. Abb. 2).

In diesem Zusammenhang ist deutlich zu machen, daß nicht allein die Informationstechniken den Erfolg der Informationswirtschaft erbringen, sondern vor allen Dingen die Realisierung einer durchgängigen und effizienten Ablauforganisation (vom Vertrieb bis zum Versand) für alle am Unternehmensprozeß beteiligten Fachbereiche. Deren Erfolg kann nur durch integrierte Informationstechniken, wie z. B. durch den Einsatz von Standard-Software sowie durch wirtschaftliche und schnell realisierbare Projekte erzielt werden.

Die Informationswirtschaft ist nur dann ein Erfolgsfaktor für die Erreichung der Unternehmens-Zielsetzungen, wenn sämtliche Unternehmens-Prozesse auf den "Prüfstand der Ablauforganisation" gehoben werden, um aus diesen Erkenntnissen eine effiziente Ablauforganisation unter Einsatz integrierter, moderner Anwendungen zu gestalten.

Zusammenfassend läßt sich feststellen, daß erfolgreiche Unternehmen die Informationswirtschaft und die Unternehmens-Teilziele integrieren. Ist die Integration der Informationswirtschaft in die Unternehmenszielsetzungen gelungen, so haben strategische Unternehmensentscheidungen unmittelbar Auswirkungen auf die Informationsstrategien und umgekehrt. Dabei ist darauf zu achten, daß die grundsätzliche Erfolgsbasis von durchgängigen und effizienten ablauforganisatorischen Prozeßketten geprägt wird, die unter wirtschaftlichen Gesichtspunkten durch schnell realisierbare Projekte zum Einsatz kommen.

INFORMATIONEN UND FLEXIBILITÄT SIND DIE VORAUSSETZUNGEN FÜR DEN UNTERNEHMENSERFOLG. DIE INTEGRIERTE INFORMATIONSWIRTSCHAFT ALS DIENSTLEISTUNG IST EINES DER WICHTIGSTEN REALISIERUNGSINSTRUMENTE.

Die Informationswirtschaft ist nur dann ein Erfolgsfaktor für die Erreichung der Unternehmenszielsetzung, wenn sämtliche organisatorischen Prozesse auf den "Prüfstand" der Ablauforganisation gehoben werden, um aus den analysierten Erkenntnissen durch eine effiziente Gestaltung der Ablauforganisation unter Einsatz integrierter, moderner Anwendersysteme den Erfolgsfaktor zu realisieren.

2.     <u>Informationswirtschaft als wirtschaftlicher Erfolgsfaktor</u>

Die Zielsetzung der Informations-Wirtschaft als strategischer Erfolgsfaktor des Unternehmens zur Umsetzung der geplanten Unternehmensstrategien ist u.a. geprägt durch die Integration der Ablauforganisation und der sie bedingenden Instrumente.

Im Vordergrund der Betrachtung muß die gesamte, ablauforganisatorische Prozeßkette aller an den Aktivitäten innerhalb des Unternehmens Beteiligter stehen. Dabei müssen alle Möglichkeiten ablauforganisatorischer Analysen und kritischer Beurteilungen herangezogen werden, um die Verbesserung der ablauforganisatorischen Prozesse zu erreichen. Es ist wichtig zu verstehen, daß nicht die Einzeloptimierung der eingesetzten Anwendersysteme durch z.B. den Einsatz von Standard-Systemen als "Allheilmittel" zur Verbesserung der Ablauforganisation alleine anzusehen ist.

Bei der kritischen Analyse der Infrastruktur von Unternehmen kann sehr oft in der Beurteilung dieser Probleme festgestellt werden, daß nicht die eingesetzten Anwendersysteme letztendlich die Probleme der Ablauforganisation in der Prozeßkette darstellen, sondern die oftmals mangelhafte und nicht durchgängig konzeptionierte Kommunikation und Bearbeitung von Arbeitsabläufen. Oftmals sind simple Vorgaben für die richtige Kommunikation und Bearbeitung der ablauforganisatorischen Maßnahmen an den Schnittstellen unterschiedlicher Fachbereiche zu bereinigen. Diese sind durch den Einsatz z.B. auch von Anwender-Systemen und anderen organisatorischen Instrumenten zu beheben.

Integrierte System-Strukturen unterliegen dabei den im folgenden genannten Grundsätzen:

a)     Die Durchgängigkeit der ablauforganisatorischen Prozeßketten des Unternehmens muß durch die Integration der eingesetzten Systemstrukturen sichergestellt werden.

b)     Die Voraussetzung dazu ist eine Gesamtkonzeption als strategischer Maßnahmenplan der Informations-Wirtschaft in Abstimmung mit den Unternehmens-Teilzielsetzungen.

c)      Die Realisierung muß nach vereinbarten Prioritäten, unter wirtschaft-
        lichen Aspekten der Systemnutzung, zur Verbesserung der ablauf-
        organisatorischen Prozesse und unter Ausschöpfung der Wett-
        bewerbspotentiale erfolgen.

Die Informations-Wirtschaft als wirtschaftlicher Erfolgsfaktor wird insbesondere von den im folgenden beschriebenen vier Aspekten gewährleistet (vgl.
Abb. 3).

## 2.1 <u>Durchgängige logistische Prozesse durch effiziente Ablauf-organisation</u>

Die Unternehmensziele, die Struktur- und Ablauforganisation sind in
hohem Maße voneinander abhängig. Dabei sind die Informationsverarbeitung sowie die DV-Systeme Prämissen der Ablauforganisation.

Die Durchgängigkeit und die Effizienz ablauforganisatorischer
Maßnahmen bestimmt die Wirtschaftlichkeit der Unternehmenspro-
zesse. Das Erkennen und die Umsetzung der ablauforganisatorischen
Anforderungen bedarf der besonderen Kompetenz im Unternehmen.
Hierbei ist wichtig zu beachten, daß die Abhängigkeit der Organisa-
tionsstrukturen von den Unternehmenszielen Auswirkungen auf die
Gesamtwirtschaftlichkeit effizienter ablauforganisatorischer
Arbeitsabläufe hat.

Es muß dafür gesorgt werden, daß die Durchgängigkeit von
Arbeitsabläufen ("vom Vertrieb bis zum Versand") wichtigster
Bestandteil der Projekte wird, die im einzelnen durch die EDV-tech-
nischen Werkzeuge und Kommunikationstechniken zur Realisierung
gebracht werden (vgl. Abb. 4).

## 2.2 <u>Wettbewerbsvorteile durch Informationsverarbeitungs-Strategien</u>

Auf der Basis festzulegender Grundsätze ist die Informationswirtschaft als Erfolgspotential des Unternehmens entsprechend zu
bewerten. Hierbei ist zu berücksichtigen, daß die Informationsverarbeitung ebenfalls strategischen Grundsätzen unterliegt und somit der
Gesamtkompetenz des Managements bedarf.

a) Eine effiziente Ablauforganisation ist die wichtigste Voraussetzung für die Erreichung der Unternehmenszielsetzung

- Ablauforganisatorische Prozesse auf dem Prüfstand
- Schaffung ablauforganisatorischer Kompetenz in den
Fachbereichen
- Schnelle adhoc-Lösungen für die Verbesserung laufender
Prozesse

b) Das wirtschafltiche Niveau der Informationsverarbeitung muß
durch Nutzung flexibler, kurzfristig nutzbarer, standortorien-
tierter Informationstechniken gewährleistet werden.

- Einsatz von Standard-Systemen
- Moderne Hardware- und kompatible Netzwerktechnolo-
gien
- Einsatz von externem Know-How und Kapazitäten
- Generalunternehmerschaften, Outsourcing etc.

c) Neue, zukunftsorientierte Projekte sind nur mit effizienter
Ablauforganisation und modernster IV-Technologie wirtschaft-
lich und schnell realisierbar. Hierbei ist besonders darauf zu
achten, daß eine Verkürzung der Projekt-Realisierungszeit, der
Einsatz modernster Techniken sowie die Hinzunahme externer
Dienstleister (Generalunternehmer wie auch Outsourcer) als
Voraussetzung zu nennen ist.

d) Die IV-Dienstleistungen müssen serviceorientiert zu marktgerechten, transparenten Preisen als Dienstleistung erbracht
werden.

- Erstellung einer Preisliste
- Abrechnung nach tatsächlich erbrachten Leistungen im
Unternehmen
- Projekt- und Kostenabstimmung mit den Abnehmern (Auf-
traggeber)

e) Der Einsatz von Personal Computern ist als Integrationsfaktor am Arbeitsplatz in die Strategie zur Realisierung von Projekten im Umfeld der Großrechnersysteme zu bewerten. Damit muß die Bürokommunikation integraler Bestandteil der IV-Strategie sein.

f) Die technische Datenverarbeitung muß die Konstruktion bis zur Montage verbinden. Hierbei sind neben CAD-/CAM-Technologien ebenfalls technische Datenbanken sowie die Anbindung von der Stückliste bis zu den Montagesteuerungssystemen, als ein wichtiger Prozeß zur Verkürzung z.B. der Entwicklungszeiten anzusehen.

g) Die so erarbeiteten IV-Strategien ermöglichen das Ausschöpfen erheblicher Kostenpotentiale für eine wettbewerbsfähige, wirtschaftliche Unternehmensstruktur.

2.3 <u>Wirtschaftlichkeit integrierter Informationsverarbeitung</u>

Die Verbesserung der ablauforganisatorischen Prozesse durch Investitionen in integrierte Systemstrukturen und Projekte sind Voraussetzungen für den wirtschaftlichen Einsatz der Informationswirtschaft (vgl. Abb. 5).

a) Die Durchgängigkeit der ablauforganisatorischer Prozeßketten des Unternehmens muß durch die Integration der eingesetzten Systemstrukturen abgebildet werden.

b) Die Grunddatenstrukturen sind auf Anforderungen der Fachbereiche inhaltlich und DV-technisch abzustimmen.

c) Der Einsatz von Standard-Systemen in Abhängigkeit von der Branche ist eines der wichtigsten Instrumente für Systemintegration und Verkürzung der Projektzeiten.

Der wirtschaftliche Einsatz der Informationsverarbeitung muß
gekennzeichnet werden durch die Kostenverfolgung nach Kenn-
zahlen im Sinne des Controllings.
Darüber hinaus ist eine wichtige Voraussetzung eine zielgerichtete Maßnahmen- und Budgetplanung für die Ausnutzung
der Informationswirtschaft unter effizienten Prämissen. Die IV-
Investitionen sind mit Wirtschaftlichkeitsrechnungen zu belegen.
Hierbei sollte darauf geachtet werden, daß der Nachweis der
Wirtschaftlichkeit nur durch die Betrachtung der Auswirkungen
auf die Verbesserung der Prozeßkosten des Unternehmens sinnvoll und realistisch ist.

Weiterhin müssen bei der wirtschaftlichen Betrachtung der
Informationsverarbeitung alternative Strategien und Konzepte
überlegt werden, die Informationsverarbeitung unter Effizienz-
Betrachtungen im Unternehmen als Dienstleistung darzustellen.
Dabei sind ebenfalls Outsourcing sowie der Zukauf externer
Dienstleistungen genauso wie der Einsatz von Standard-Soft-
ware als alternative Maßnahme einzubeziehen.


2.4      Die Qualität der Informationsverarbeitungs-Dienstleistungen

Die wichtigste Voraussetzung, die Informationsverarbeitung als effiziente und zielgerichtete Dienstleistung im Konzernverbund zu
betrachten, bedeutet die Schaffung von Vertrauen durch qualitative
und termingerechte, kostentransparente IV-Dienstleistung.

Hierbei ist wichtig, daß die Informationsverarbeitung als Profit-Center
im Konzernverbund eines Unternehmens zu marktgerechten, transparenten Preisen abgewickelt wird. Die erbrachte Dienstleistung muß
nach tatsächlicher Ist-Abnahme an den Abnehmer fakturiert werden.

Darüber hinaus sind zur Sicherstellung meßbarer Qualitätsvorgaben
"Qualitätszirkel" auch für die Informationsverarbeitungs-Dienst-
leistungsbereiche zu verabreden. Hierbei sind z.B. die Verfügbarkeiten
des Rechenzentrums (3-Schicht-Betrieb, Verfügbarkeiten von Online-

Zeiten, etc.) zu nennen, ebenso wie die Kalkulation und Termineinhaltung von Projekten.

Der Informationsverarbeitungs-Dienstleister ist der Lieferant qualitativ hochwertiger Dienstleistungen der Informationswirtschaft. Um dieses zu erreichen, ist sowohl die Kompetenz im eigenen Dienstleistungsbereich wie in den Fachbereichen zu schaffen, damit sichergestellt ist, daß durch ausreichendes Know-How, Vereinbarungen im Rahmen der Informationsverarbeitungsdienstleistungen sachgerecht, kompetent und qualitativ richtig vereinbart werden können.

In einer generellen Zusammenfassung läßt sich die Bedeutung der Informationswirtschaft als strategischer Erfolgsfaktor dahingehend deuten, daß in Abhängigkeit der strategischen Bedeutung der Informationsverarbeitung die Wirtschaftlichkeit für das Unternehmen steigt (vgl. dazu Abb. 6).

Wird die Informationswirtschaft vom einfachen Kostensenkungspotential zum strategischen Wettbewerbsfaktor geführt, so wird die Ergebnisverbesserung für das Unternehmen durch die Durchgängigkeit der ablauforganisatorischen Prozesse und der sie steuernden und unterstützenden Informationsverarbeitungssysteme wesentlich erhöht.

Hierbei ist zu beachten, daß die Informationsverarbeitung in zunehmendem Maße sämtliche Prozesse eines Unternehmens sowohl ablauforganisatorisch wie DV- und kommunikationstechnisch unterstützen wird und die Bedeutung der Informationswirtschaft an dem wirtschaftlichen Unternehmensprozeß in gleichen Maßen steigen wird.

# INFORMATIONS-WIRTSCHAFT ALS ERFOLGSFAKTOR

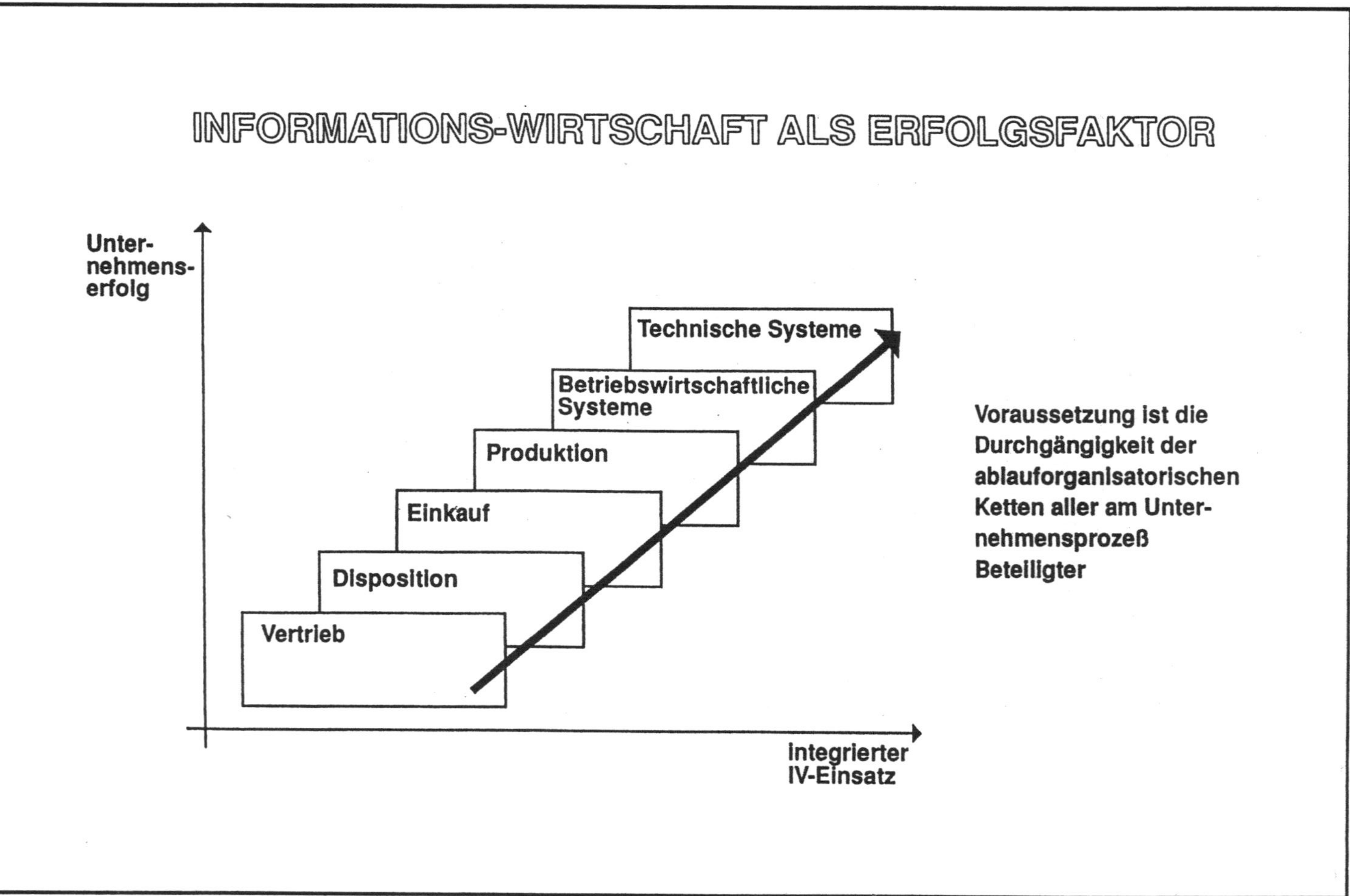

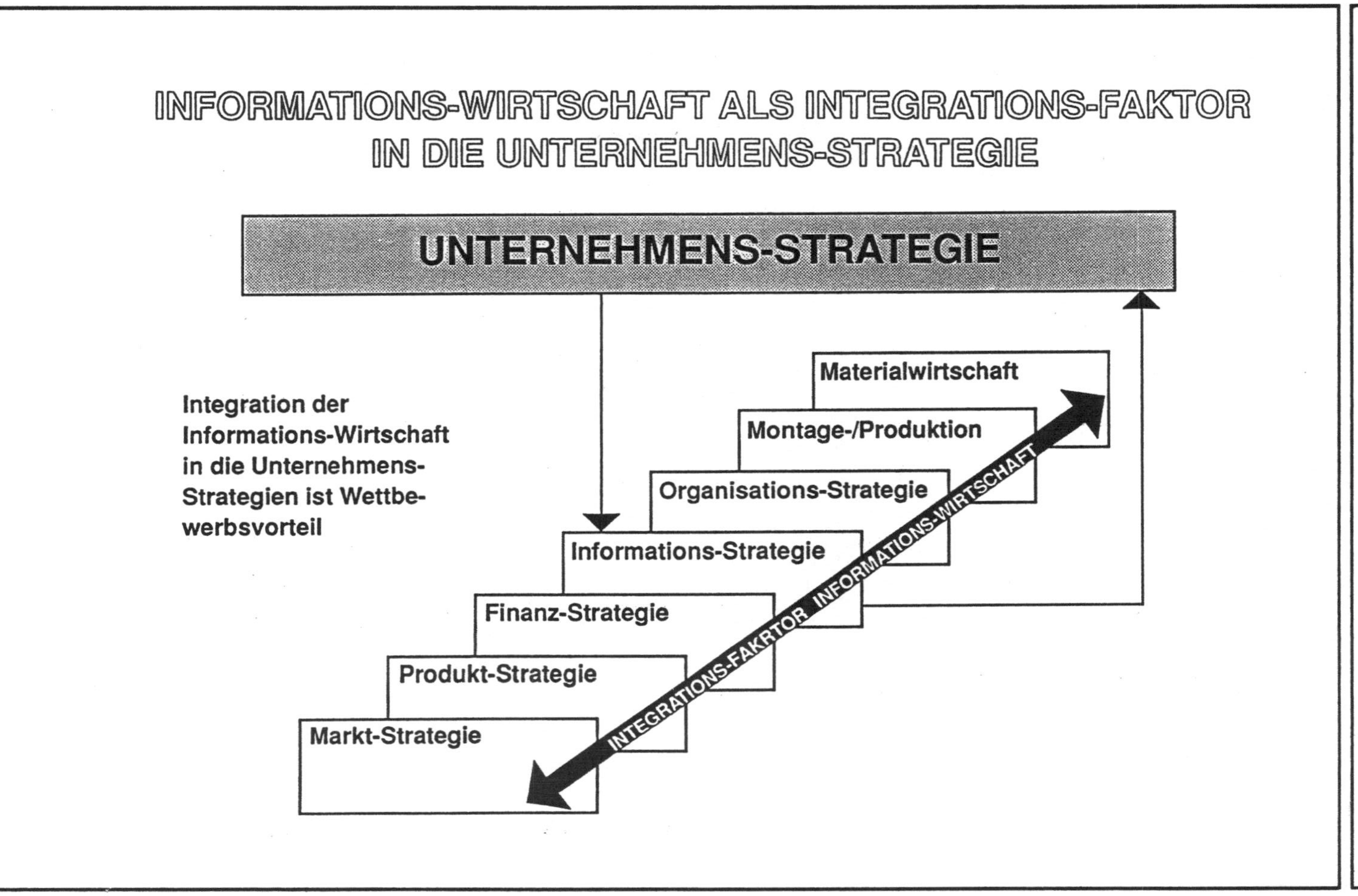

INFORMATIONS-WIRTSCHAFT ALS INTEGRATIONS-FAKTOR
IN DIE UNTERNEHMENS-STRATEGIE
UNTERNEHMENS-STRATEGIE
Integration der
Informations-Wirtschaft
in die Unternehmens-
Strategien ist Wettbe-
werbsvorteil
Materialwirtschaft
Montage-/Produktion
Organisations-Strategie
Informations-Strategie
Finanz-Strategie
Produkt-Strategie
Markt-Strategie
INTEGRATIONS-FAKRTOR INFORMATIONS-WIRTSCHAFT

# Informationswirtschaft als wirtschaftlicher Erfolgsfaktor

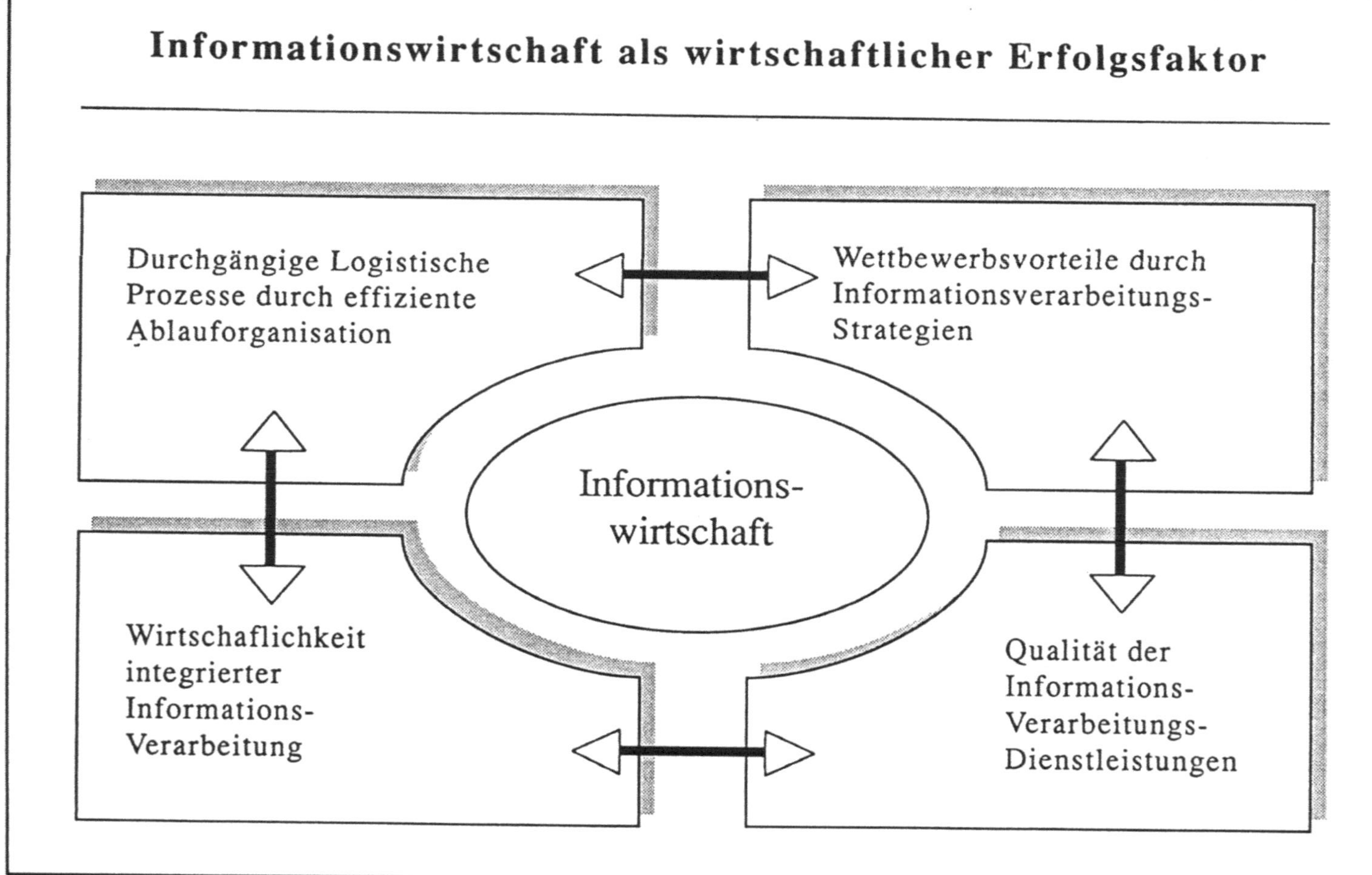

## ABHÄNGIGKEIT DER ORGANISATIONS-STRUKTUREN VON DEN UNTERNEHMENSZIELEN

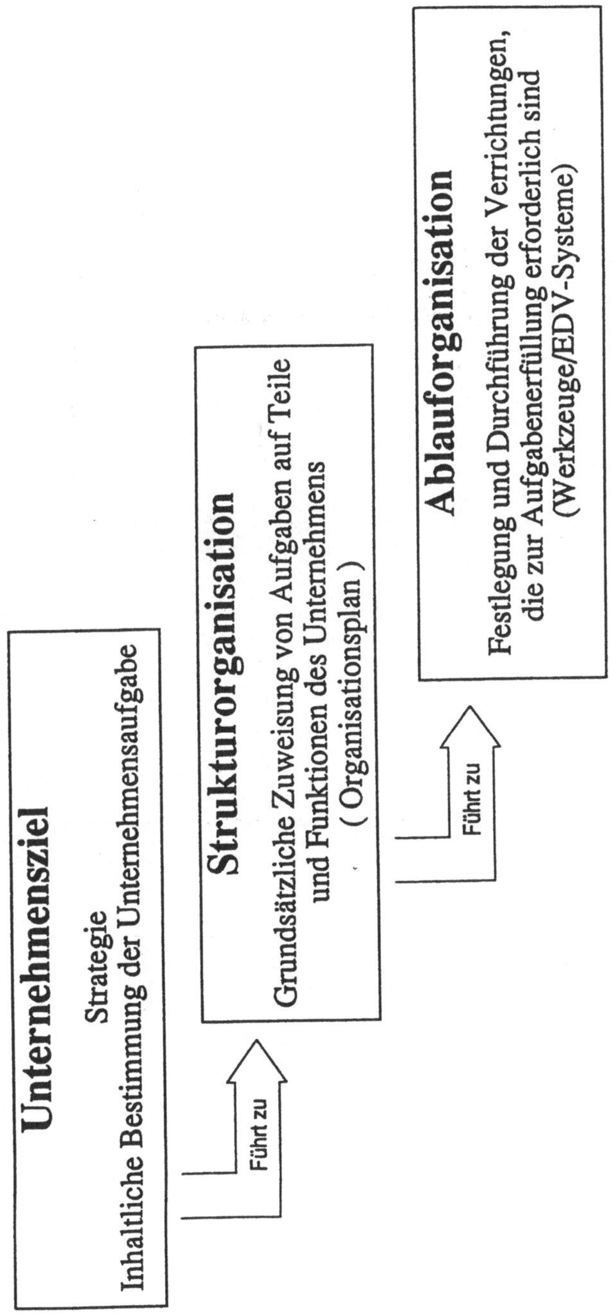

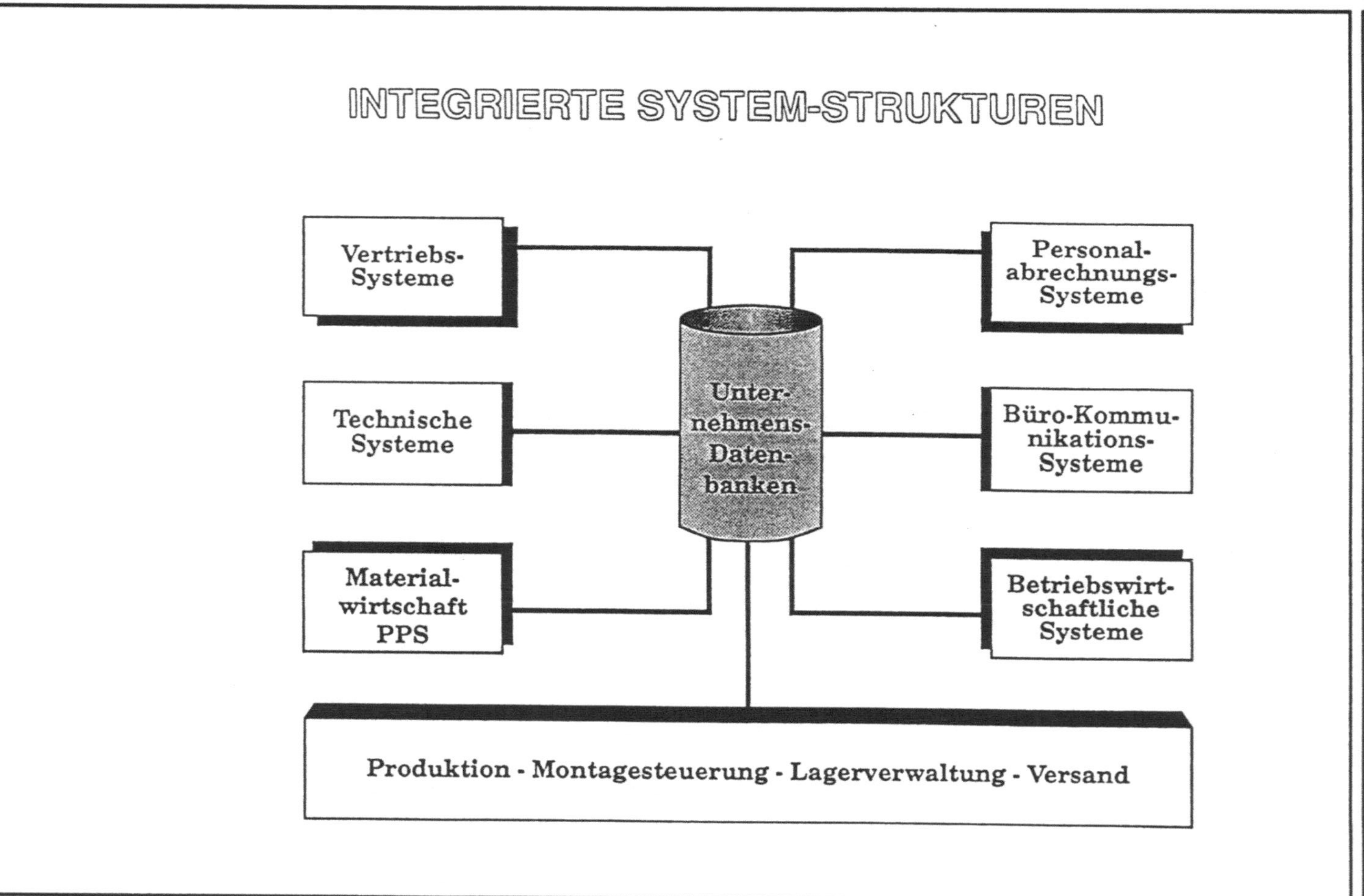

INTEGRIERTE SYSTEM-STRUKTUREN
Vertriebs-Systeme
Technische Systeme
Material-wirtschaft PPS
Unternehmens-Datenbanken
Personal-abrechnungs-Systeme
Büro-Kommunikations-Systeme
Betriebswirtschaftliche Systeme
Produktion - Montagesteuerung - Lagerverwaltung - Versand

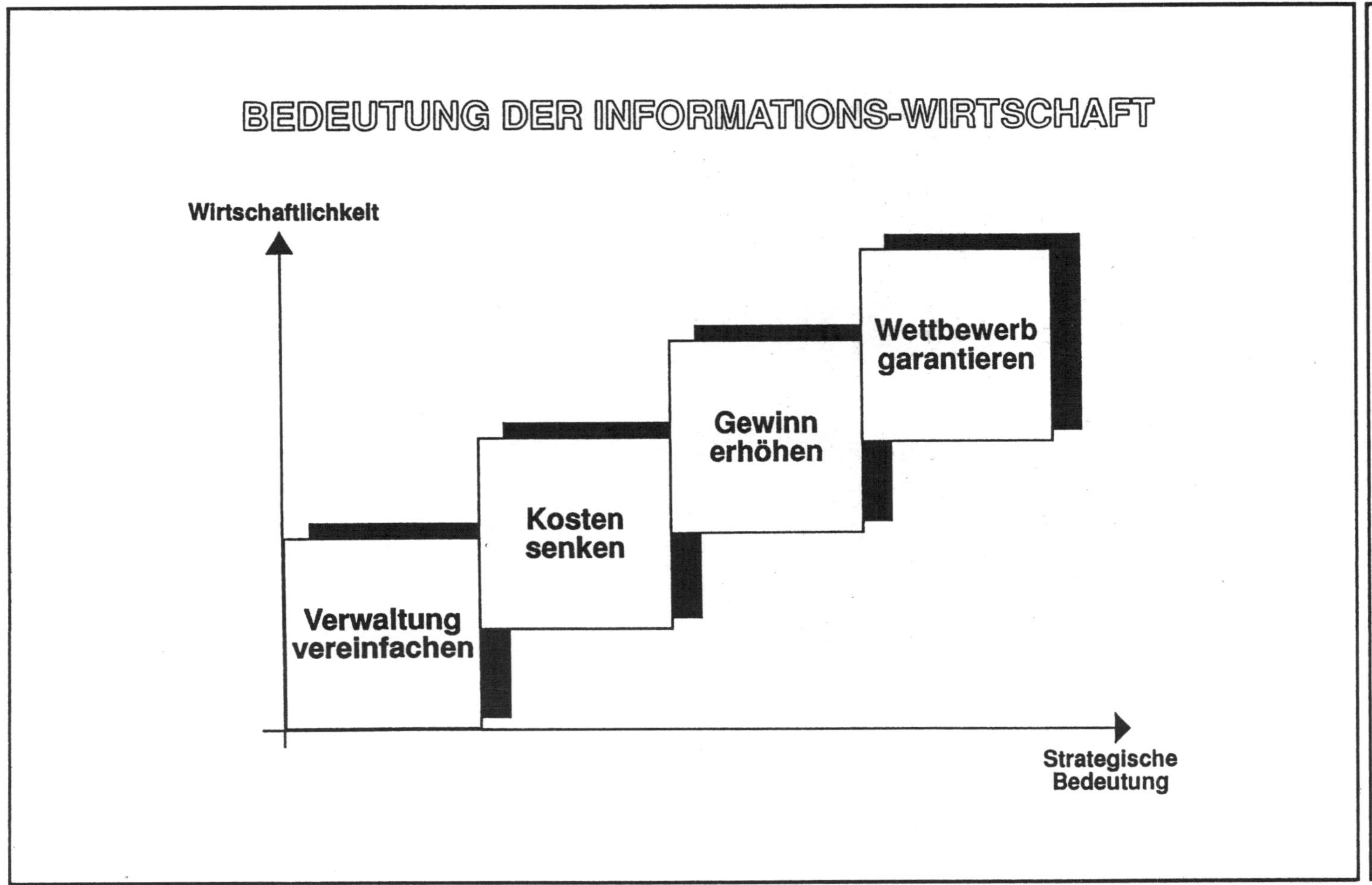
BEDEUTUNG DER INFORMATIONS-WIRTSCHAFT
Wirtschaftlichkeit
Verwaltung vereinfachen
Kosten senken
Gewinn erhöhen
Wettbewerb garantieren
Strategische Bedeutung

Ragnar Nilsson

Diplom-Wirtschaftsingenieur
Direktor Organisation und Informations-Service der
Klöckner-Humbold-Deutz AG in Köln

Seit Oktober 1988 ist Ragnar Nilsson als Direktor für
sämtliche Aktivitäten im Zusammenhang mit der
Strukturorganisation, der Ablauforganisation, der Projekte,
der weltweit verteilten Rechenzentren sowie der allgemeinen
Dienste der Klöckner-Humbold-Deutz AG zuständig.

Am 1. Januar 1950 wurde Ragnar Nilsson in Delmenhorst
geboren. Nach dem Studium der Wirtschaftswissenschaften
an der Universität Karlsruhe begann er 1977 mit seiner
Berufslaufbahn als Direktionsassistent bei der Philips GmbH
in Hamburg. Danach arbeitete Ragnar Nilsson als Org.-/DV-
Verantwortlicher und Controller in mehreren renomierten
Unternehmen. Vor seinem Wechsel in 1988 zur Klöckner-
Humbold-Deutz AG war er bei der Gerresheimer Glas AG
in Düsseldorf tätig. Im Oktober 1988 wechselte er zur
Klöckner-Humbold-Deutz AG in Köln und leitet dort den
Direktionsbereich Organisation und Informations-Service.
Darüber hinaus ist er seit Mai 1991 im Vorstand des
Contoller Verein e.V., München als 2. Vorsitzender tätig.

Nikolaus Garbers

# Masse oder Klasse?
## - Über die Schwierigkeiten beim Einsatz der Bürokommunikation -

Dr. Nikolaus Garbers, Unternehmensberater, Bergisch Gladbach

# Gliederung

**1. Einleitung**

**2. Die Forderung nach funktionaler Integration am Arbeitsplatz**

**3. Die Forderung nach Kommunikationsstrategien**

**4. Das Dilemma**

**5. Managementstrategien und Problemlösungen**

5.1 Konzept

5.2 Finanzplanung

5.3 Organisatorische Vorbereitungen

5.4 Integrierte Bürokommunikation

5.5 Integration mit den Dialogsystemen

5.6 Integration in der Neuentwicklung

**6. Ausblick**

## 1. Einleitung

Man muß sich schon eine gewisse Naivität und Fähigkeit zum
Staunen bewahrt haben, um nach einem Besuch der Cebit in
Hannover die ungeheure Diskrepanz überhaupt noch wahrzunehmen, die besteht zwischen Möglichkeit und Wirklichkeit,
Theorie und Praxis, auf den Ständen demonstrierter Büro-
perfektion einerseits und tatsächlich gelebtem Alltag in
unseren Büros andererseits. Hier die glitzernden farbigen
Bildschirme, die Vorführungen perfekter Text- und Graphik-
verarbeitung, die Integration von Geschäftsvorfällen in
einem simulierten Betrieb  - dort die real existierende
Bürowelt, in der zwar mehr und mehr PCs auftauchen, aber
selten zu beobachten ist, daß sie benutzt werden. Wie ist
dieser Widerspruch zu erklären? Warum kommt die Bürokommunikation in unseren Büros so schwer voran?

Natürlich gibt es viele gute Gründe, und es dürfte nicht
schwer fallen, unter ihnen dem Geld einen vornehmen
ersten Platz zuzuweisen. Nicht nur Skeptiker wissen, daß
Zweifel über den Nutzen der Bürokommunikation bei klar er-
kennbaren hohen Kosten mehr als angebracht sind. Büroarbeit
ist an sich wertneutral. Sie kann hervorragend auf die
Belange eines Unternehmens ausgerichtet sein, sie kann die
Unternehmensziele effizient unterstützen, sie kann diese
aber auch verfehlen oder sich sogar gegen sie richten.
Werden die Schlammschlachten und Grabenkämpfe im Büro noch
wirksam durch die Bürokommunikation unterstützt, wird einem
strangulierenden Finanzkontrollsystem durch weitere "Effi-
zienzsteigerung" die Chance gegeben, die Schlinge endgültig
zuzuziehen, wird eine verfehlte Informationspolitik in ihrer
Sammelwut durch Mechanisierung weiter gesteigert, so wird
das Unternehmen durch den Einsatz der Bürokommunikation in
seinem Verfall nur beschleunigt. Bürokommunikation kann
Prozesse nur effizienter machen. Es ist Aufgabe des Managements, die Prozesse auf die Unternehmensziele auszurichten
und immer wieder Fehlentwicklungen auszumerzen.

Aber nicht nur das Kosten/Nutzen Problem  stellt sich dem
Einsatz der Bürokommunikation in den Weg. Es gibt auch eine
Reihe handfester technischer Probleme. In erster Linie ist
hier die Standardisierungsproblematik zu nennen. Mit den
Fortschritten bei der X-400-, X-500-Standardisierung muß man
nun nicht mehr gleich das Handtuch werfen, wenn es darum
geht, Textdateien zwischen unterschiedlichen Systemen aus-
zutauschen, aber eine integrierte Bürowelt läßt sich damit
nicht aufbauen. Ja, wie noch zu zeigen sein wird, läßt die
erforderliche Integration selbst bei proprietären Systemen
noch viel zu wünschen übrig.

Noch weniger scheint die Entwicklung der Dokumentenstandards
voranzukommen, was allerdings bei der Vielzahl der vorhandenen Treiber und wegen der allgemein geübten Übersetzungspra-
xis als weniger störend empfunden wird.

Ein kritisches Problem ist erst in jüngster Zeit durch die
Entwicklung der Mehrfenstertechnik beseitigt worden. Erst
"multiwindowing" und "multitasking" ermöglichen es, die

Technik auf den Büroalltag mit seinen ständigen Arbeits-
unterbrechnungen, Prioritätsveränderungen und Umplanungen
einzustellen. Man denke an das einfache Beispiel einer Sekretärin, die gerade einen Brief schreibt, als der Chef
ihres Chefs anruft und einen Termin mit seinem Untergebenen
festlegen will. Wenn sie nicht sofort Zugriff auf den Ter-
minkalender hätte, wenn sie erst umständlich ihren Brief
sichern und das nun benötigte Programm laden müßte, während
sie die Finger des hohen Herrn ungeduldig am Telefon trom-
meln hörte, würde sie schon aus diesem Grunde zu Recht einen
elektronischen Kalender ablehnen. Als Minimalstandard der
Bürokommunikation ist zu fordern, daß auf die Informationen
am Terminal mit der gleichen Geschwindigkeit zugegriffen
werden kann, als wenn sie auf einem Stück Papier griffbereit
auf dem Schreibtisch lägen. Das gilt für Notizzettel,
Briefe, Schriftstücke aus der Ablage, Telefon- und Adress-
verzeichnisse, und sonstige Dokumente, an denen gerade gearbeitet wird oder die für die gegenwärtige Arbeit benötigt
werden. Mit der neuesten Generation graphischer Terminals
mit ausreichender Bildschirmgröße und hohem Auflösungsvermö-
gen kann diese Forderung erfüllt werden; es versteht sich
allerdings von selbst, daß die gesamte ältere Hardware in
diesem Punkt nicht mehr brauchbar ist und für den konsequen-
ten Einsatz der Bürokommunikation ausgetauscht werden muß.

Neben den technischen Problemen gibt es noch eine Reihe
weiterer Hindernisse im sozio-politischen Bereich, die allerdings bei geschicktem Management nicht unüberwindbar
sind. Gegen Akzeptanzprobleme bei den Mitarbeitern helfen
Aufklärung, Information, Mitsprache und Schulung. Betreuung
und Koordination, regelmäßige Nachschulungen und die Einrichtung von Workshops und Computerberatungsstellen können
helfen, die effiziente Nutzung des eingerichteten Systems
langfristig sicherzustellen. Organisatorische Probleme bei
Planung und Einsatz lassen sich durch ein modernes "Information Management" überwinden, in dem die konzeptionelle Verantwortung für klassische Datenverarbeitung, Bürokommunikation, Nachrichtentechnik und organisatorische Belange zusammengefaßt wird.

Alle hier geschilderten peripheren Probleme lassen sich
durch Managementstrategien bekämpfen, auch wenn die Strategie nur darin besteht, den Standardisierungsproblemen durch
Domänenbildung in proprietären Systemen zu entgehen. Irgend-
wann trifft aber der für den Einsatz der Bürokommunikation
Verantwortliche auf das eigentliche Kernproblem, auf das
hauptsächliche Hindernis, das sich dem Einsatz der Bürokommunikation entgegenstellt. Er sieht sich einem Dilemma gegenüber, dem er nicht mehr ausweichen kann, bei dem seine
Managementstrategie nur noch darin bestehen kann, zu verhin-
dern, daß eine der alternativen Problemquellen übermächtig
wird: er wird feststellen, daß er ein gewaltiges Arbeits-
pensum mit größter Sorgfalt in kürzester Zeit erbringen muß,
und daß er im Widerspruch zwischen "Klasse und Masse" unter-
zugehen droht.

## 2. Die Forderung nach funktionaler Integration am Arbeitsplatz

Was ist eigentlich Bürokommunikation? Wie kann sie definiert
werden? Zunächst einmal kann man feststellen, daß es dem Begriff an Schärfe fehlt und daß er von einem ganzen Kranz von
Synonyma umgeben ist, die keine weitere Differenzierung
aufweisen. Ob man von Bürokommunikation oder noch unzutref-
fender von Büroautomation, von einem papierlosen oder von
einem elektronischen Büro spricht, gemeint ist immer die
gleiche Erscheinungsform der Informationsverarbeitung im
Büro: Unstrittig gehören zu ihr alle computergestützten
Sekretariatsdienste wie Textschreibung, Terminkalenderfüh-
rung, Terminkontrolle, Archivierung, elektronische Post; aus
diesem engeren Bereich werden im allgemeinen die Beispiele
gewählt, um den praktischen Einsatz der Bürokommunikation zu
demonstrieren. Generell werden auch die sogenannte "individuelle Datenverarbeitung" oder das "personal computing" dem
Begriff zugerechnet, also Pakete, die typischerweise zur
Unterstützung der Fachstäbe eingesetzt werden wie die Tabellenkalkulation, Programme zur Erzeugung von "business
graphics", zur Führung persönlicher Datenbanken, zur Erstellung von Präsentationsmaterialien etc.

Erst bei der dritten möglichen Ausdehnung des Begriffes, bei
der Frage, ob auch die klassische oder, wie man heute auch
zur Unterscheidung von der individuellen Datenverarbeitung
sagt, die professionelle Datenverarbeitung dem Begriff der
Bürokommunikation zuzurechnen ist, gibt es unterschiedliche
Meinungen. Offensichtlich kommen hier auch wirtschaftliche
Interessen der Anbieter ins Spiel: So ist es nicht verwun-
derlich, daß gerade der Marktführer der Computerindustrie
lange Zeit bestrebt war, der Bürokommunikation jeden eigenständigen Charakter abzusprechen, sie als normale Weiterentwicklung der Datenverarbeitung anzusehen und sie im Rahmen
zentralistischer Großrechnerstrukturen auch in der Praxis
einzusetzen – ein Versuch, der allerdings gescheitert ist.
Umgekehrt betonten die Bürokommunikationsspezialisten das
grundsätzlich Neue der Bürokommunikation und versuchten über
sie als neue Domäne, sozusagen von der Peripherie her, die
Informationsverarbeitung beim Anwender aufzurollen. Zugriff
auf die Großrechner über eine 3270-Emulation ist nur noch
eine von vielen Applikationen, die dem Anwender zur Verfügung stehen. Diese Strategie war etwas erfolgreicher:
Unternehmen, die im nennenswerten Umfang Bürokommunikation
eingeführt haben, die insbesondere ihre Kommunikationsnetze
"geschlossen" haben, sind dieser Strategie gefolgt. An der
Reibungsfläche zwischen den Domänen der klassischen Datenverarbeitung und der neuen Bürokommunikation gibt es aber
weiterhin Probleme.

Im Grunde geht es beim Geplänkel um Definitionen um die
Frage nach der Integration der alten klassischen Datenverarbeitung einerseits mit der neuen Welt der freieren Informationsverarbeitung andererseits; beschränkt sich die erste
Erscheinungsform auf schematische, nur auf bestimmte Ge-
schäftsvorfälle zugeschnittene Applikationen, sind für
letztere Lösungen charakteristisch, die für jedes Büro
gelten, die sofort ohne weitere Entwicklung benutzt werden

können, die aber gegenüber dem spezifischen Einzelfall häufig zu allgemein gehalten sind und nur suboptimale Ergebnisse bieten. Wieweit können diese beiden Formen zu einer Einheit verschmolzen werden, so daß eine alle Bedürfnisse des Arbeitsplatzes abdeckende Funktionalität entsteht? Es geht um die Frage der Zieldefinition für Systementwicklungen. Befragt man den Anwender als eine wichtige Instanz für die Festlegung von Entwicklungzielen, bekommt man eine eindeutige Antwort: Er wünscht sich optimale Unterstützung am Arbeitsplatz für die Erledigung seiner eigentlichen Aufgabe, den strategischen Kern seiner Funktion. Ob er dafür im Unternehmen entwickelte Programme, zugekaufte Branchen-Software oder allgemeine Bürokommunikationspakete einsetzt, interessiert ihn nicht, solange das System ohne Bruch als eine funktionale Einheit von ihm benutzt werden kann.

Welche Probleme hier für die Systemverantwortlichen entstehen, ist leicht zu erkennen. Man denke an Großunternehmen mit mehreren tausend Büroarbeitsplätzen. Die Entwicklungskraft reicht nicht einmal aus, alle diese Arbeitsplätze, bzw. Arbeitsplatzkategorien auch nur zu analysieren, geschweige denn integrierte Totallösungen für jeden Arbeitsplatz bereitzustellen.

## 3. Die Forderung nach Kommunikationsintegration

Die Forderung nach funktionaler Integration am Arbeitsplatz ist jedoch nicht das einzige Entwicklungsziel, mit dem das Information Management konfrontiert wird. Unstrittig ist der Einsatz der Bürokommunikation auch eine Infrastrukturmaßnahme für das Unternehmen, und wie bei allen Infrastrukturmaßnahmen gilt, daß sie zwar während der gesamten Entwicklungs- und Installationsphase sehr viel Geld kostet, daß sie ihren Nutzen jedoch erst dann entfaltet, wenn sie abgeschlossen ist. Das betrifft vor allem die kommunikativen Elemente der Bürokommunikation, insbesondere die elektronische Post und das Zentralarchiv.

Eine Autobahn mit Lücken löst noch keine Verkehrsprobleme; eine elektronische Post, deren Netz nicht geschlossen ist, ist noch nicht brauchbar. Man denke beispielsweise an ein Unternehmen, in dem erst die Hälfte der fraglichen Mitarbeiter an ein elektronisches Postnetz angeschlossen ist. Man suche eine Sekretärin, die bei einem Brief mit mehreren unterschiedlich erreichbaren Adressaten diesen sowohl mit der elektronischen als auch mit der Hauspost des Unternehmens versendet. Und findet man eine derartig tüchtige Kraft, wird man sie bitten müssen, ihren Eifer wieder einzuschränken und wie vorher alle Kopien über die Hauspost zu versenden, damit das Management auf dem Boden gleichen Informationsstandes wieder vernünftig miteinander kommunizieren kann. Denn was geschieht eigentlich, wenn z.b. A, B und C die Anweisung zum gemeinsamen Handeln bereits erhalten haben, D, E und F aber noch gar nichts davon wissen! Jedes Unternehmen kann sich nur eine Kommunikationsfrequenz leisten, mehrere Frequenzen führen unweigerlich ins Chaos.

Ähnliches gilt auch für ein elektronisch geführtes Zentralarchiv - es ist entweder vollständig und ungeheuer wertvoll
oder lückenhaft und damit unbrauchbar.

## 4. Das Dilemma

Mit der Verfolgung der obigen beiden Entwicklungsziele gerät
das Information Management unweigerlich in ein Dilemma. Der
Forderung nach Funktionsintegration am Arbeitsplatz, nach
gründlicher Analyse, nach Qualität, nach Tiefenwirkung der
zu leistenden Systemarbeit steht die Forderung nach schnel-
lem Aufbau der Infrastruktur, nach flächendeckender Verbreitung der Kommunikationselemente, nach Breitenwirkung der
Bürokommunikation gegenüber. Beides kostet Geld und Ressourcen, die bestenfalls einmal vorhanden sind. Der Information
Manager wird in den Spagat getrieben:  er soll, um auf den
saloppen Titel des Aufsatzes zurückzukommen, sowohl Klasse
wie auch Masse bringen, was ihm unmöglich erscheint.

Deutlich läßt sich voraussagen, was geschieht, wenn er das
eine oder andere Ziel aus dem Auge verliert:

Forciert er die Funktionsintegration am Arbeitsplatz zu
Lasten des Ausbaus der Infrastruktur, kommt er viel zu
langsam voran. Zwar mögen ihm - gegen viel Geld - einige
hervorragende Lösungen gelingen - doch bleiben diese Stück-
werk im Unternehmen. Verbesserungen in der Kommunikation
gibt es nicht. Alles in allem wird die Software viel zu
teuer im Verhältnis zu dem begrenzten Nutzen, den sie
bringt.

Wird umgekehrt das Tempo des Aufbaus der Infrastruktur zu
Lasten der Funktionsintegration am Arbeitplatz beschleunigt,
geht das Geld in die Hardware, die jedoch vom Anwender wegen
unzureichender Unterstützung seiner Tätigkeiten nicht
genutzt wird. Als Ergebnis bilden sich beeindruckende Büro-
landschaften heraus, bei denen der PC zur Standardausrüstung
gehört - allerdings sieht man selten jemanden mit diesen
Geräten arbeiten. Auch in diesem Fall wird viel Geld zum
Fenster hinausgeworfen, ohne daß es zu einer spürbaren Verbesserung der Büroarbeit käme.

Es scheint vor allem dieses zweite Problem zu sein, das man
heute in den deutschen Büros beobachten kann. Das gleiche
Ergebnis ergibt sich nämlich auch dann, wenn man überhaupt
keine Planung betreibt, sondern den Einsatz der Bürokommunikation als ein unvermeidliches Übel betrachtet, dem man aber
solange wie möglich Widerstand entgegensetzen will. Standar-
disierungs-, Kontroll-, und Genehmigungsgremien sorgen dafür, daß es dem Anwender schwer gemacht wird, sich überhaupt
dem Thema zu nähern, selbst wenn er sich mit Standardsoft-
ware zufrieden geben könnte. Eine Infrastrukturverbesserung
läßt sich natürlich mit einer derartigen negativen Haltung
überhaupt nicht erreichen.

## 5. Managementstrategien und Problemlösungen

Selbstverständlich ist eine konzeptionelle Planung des Einsatzes der Bürokommunikation von vielen Umständen des Einzelfalles abhängig: vorhandene Systemumgebung, Deckungsgrad der Systemversorgung, Betriebsgröße, die das Ausmaß der Infrastrukturkosten bestimmt, aber auch Unternehmenskultur auf dem Gebiet der Informationsverarbeitung sind wichtige Größen, die bei einer Planung zu berücksichtigen sind. Die folgenden allgemeinen Strategien können deswegen nicht mehr sein als ein Rahmen, eine Art Checkliste, mit der auf mögliche Problemquellen aufmerksam gemacht werden kann.

### 5.1  Konzept

Unumgänglich notwendig erscheint, daß für das Unternehmen überhaupt eine konzeptionelle Planung erarbeitet wird. Die bereits geschilderte negative Abwehrhaltung verhindert nicht, daß für Bürokommunikation Geld ausgegeben wird, verhindert aber mit Sicherheit, daß es sinnvoll verwendet wird.

### 5.2  Finanzplanung

Wie bei jeder Infrastrukturmaßnahme empfiehlt sich eine mittel- bis langfristige Finanzplanung, die das gesamte Vorhaben abdeckt. Wenn begonnen wird, darf nicht mehr abgebrochen werden. Insbesondere das oberste Management sollte sich der Tatsache bewußt sein, daß erst die voll ausgebaute Infrastruktur den "return on assets employed" bringt.

### 5.3  Organisatorische Vorbereitungen

Die Einbettung der Bürokommunikation in die Informationsverarbeitung des Unternehmens muß geklärt sein. Dazu gehören insbesondere eine Klarstellung der organisatorischen Zuständigkeiten sowie eine die gesamte Kommunikation umfassende Netzplanung. Die Zusammenfassung aller Aktivitäten der Informations- und Nachrichtentechnik unter einem "Information Management" ist kritisch, nicht zuletzt, um das sonst unvermeidliche Gerangel um die Abgrenzung von Zuständigkeiten auszuschalten.

### 5.4  Integrierte Bürokommunikation

Was die Forderung nach Funktionsintegration am Arbeitsplatz angeht, so ist schon viel gewonnen, wenn diese zunächst einmal auf dem engeren Sektor der Bürokommunikation selbst erfüllt werden kann. Das ist jedoch keineswegs generell der Fall. Man klopfe einmal die proprietären Bürokommunikationslösungen namhafter Hersteller daraufhin ab, wie sie eigentlich Zusammengehöriges "integrieren". Wer einen Brief schreibt, will ihn auch abschicken und normalerweise ablegen; wer einen Auftrag gibt, will später seine Erledigung verfolgen usw.

Man sollte sich einmal vorführen lassen, wie benutzerfreundlich normalerweise zusammengehörige Funktionsketten im System abgehandelt werden wie z.B.:

Erstellen einer Matrix im Tabellenkalkulationsprogramm –
Umwandeln in eine Graphik – Schreiben eines begleitenden
Briefes – Zusammenfassung von Brief und Graphik zum Versand
durch die elektronische Post – Ablage nach Versand, wobei
sowohl Standardkategorien wie auch individuell definierte
Ablagekategorien herangezogen werden – Ankunft beim
Empfänger – Ausdruck auf verschiedenen Druckern

    oder

Diktieren eines Briefes – Korrektur des Entwurfes – übernahme mehrerer Empfänger aus dem gespeicherten zentralen
Adressverzeichnis – Versand über internes und externes
(Telefax) Netz – übernahme des Briefes in die Terminverfolgung

    oder

Einstieg in die Ablage – Suchen nach einem Vorgang – übernahme von CI und NCI Dokumenten als Anhang zum eigenen
Brief, der ausgedruckt wird etc.

Das virtuose Zusammenspiel der Funktionen von Textschreibung, Tabellenkalkulation, Graphikerstellung, Dokumenten-
komposition, -archivierung und -wiederauffindung sollte in
realistischer Umgebung demonstriert werden; wie schon gesagt, gehören Unterbrechungen zum Büroalltag. Parallelität
der Prozesse, Hin- und Herspringen zwischen den Prozessen,
das Einschalten zusätzlicher Schleifen, wenn bereits gespei-
cherte Informationen im Einzelfall gesucht werden, ohne daß
Zwischenergebnisse gefährdet werden, sollten ebenfalls zum
geforderten Demonstrationsumfang gehören.

Selbstverständlich werden sich weder der Nachfragende noch
erst recht der Anbieter auf derartig aufwendige Tests und
Demonstrationen für den Kauf eines einzelnen PCs einlassen.
Mit dem Budget einer mittelfristigen Finanzplanung für ein
Gesamtkonzept in der Hand, wird man jedoch mit der notwendigen Aufmerksamkeit bei Bürokommunikationsanbietern rechnen
dürfen.

5.5  Integration mit den Dialogsystemen

Kritischer ist die Forderung nach Funktionsintegration zu
erfüllen, wenn man den Gegensatz von klassischer Datenverarbeitung und Bürokommunikation überwinden will. Aber
auch hier lassen sich noch einige generelle Lösungen entwickeln, bevor man "im Detail des individuellen Arbeitsplatzes versinkt".

Keine Schwierigkeit macht zunächst das Nebeneinander von
klassischem Dialogsystem und Bürokommunikation. Beliebige
Fenster lassen sich z.B. für den 3270-Dialog aufmachen und
bietem dem Anwender immherin bereits die Chance, Zusammengehöriges auf ein und demselben Bildschirm nebeneinander-
zustellen und in einer ersten primitiven Integrationsstufe
zusammenzufassen, z.B. wenn er beim Erstellen eines Briefes
an einen Kunden auf dessen Daten Bezug nehmen will.

Eine weitere, wenn auch immer noch generelle Integrationsstufe wird erklommen beim sogenannten "dynamischen Informationsaustausch" zwischen den Fenstern. Hierbei handelt es
sich um den Transport von Schlüsselbegriffen zwischen den
Funktionen, die in den einzelen Fenstern ablaufen; z.B.
Aufsuchen eines Adressaten im Index und automatisches Be-
schaffen weiterer Informationen zum Adressaten in einem
zweiten Fenster oder die Aneinanderreihung mehrerer "Views"
über ein Objekt in nacheinander oder parallel zueinander
geschalteten Fenstern.

Noch eine Stufe weiter führt die Automatisierung stereotyper
Systemschritte vor allem im Großrechnerbereich, die von
jedem Anwender durchlaufen werden müssen, bevor er zu den
erwünschten "Nutzdaten" gelangt. Sign-on, Eingabe von User-
ID und Passwort, Durchlaufen mehrerer Menuspezifikationen,
Eingabe der Schlüssel sind notwendige, aber umständliche
Schritte, bis man endlich die Informationen vor Augen hat, um
die es eigentlich geht. Hier läßt sich in der Bürokom-
munikationsumgebung eine Art "automatischer Operator" aufbauen, bei dem das Bürokommunikationssystem im Vorfeld vor
dem Großrechnersystem die notwendigen Modalitäten häufig
benutzter Zugriffsketten durchläuft und dem Anwender die
Kontrolle über das individuelle System erst dann übergibt,
wenn er das erste Fenster mit den gewünschten Daten vor sich
hat.

Dynamischer Informationsaustausch und automatischer Operator
sind Systemelemente im Übergang von genereller zu firmenspe-
zifischer Integration. Firmenspezifisch sind vor allem die
Großrechnersysteme mit ihren Schlüsselbegriffen. Generalisierbar ist die integrierte Benutzeroberfläche, die in Mehrfenstertechnik Großrechnersysteme und Bürokommunikationssystem nebeneinanderstellt und in einer Gesamtschau integriert, ohne daß die Großrechnersysteme überhaupt tangiert
werden. Generalisierbar ist vor allem der "automatische
Operator". Der Verfasser hat selbst an einer derartigen
Lösung mitgearbeitet, die sich durch Lernfähigkeit auszeich-
nete. Der Anwender schaltet das System in den Aufnahmemodus
und durchläuft dann die vom Großrechnersystem benötigten
Schritte. Diese Schrittfolge wird als Makro zur weiteren
Verwendung abgespeichert.

Wer bis zu diesem Grade die Forderung nach Funktionsintegration am Arbeitsplatz erfüllt, ist bereits einen großen
Schritt vorangekommen. Obwohl die Systemlösung noch die
Masse aller Arbeitsplätze im Unternehmen im Visier hat, ist
der Qualitätssprung am einzelnen Arbeitsplatz erheblich. Der
Anwender empfindet ihn bereits als "Klasse" und wird es
danken.

5.6  Integration in der Neuentwicklung

Noch weitergehende Integration von klassischer Informationsverarbeitung und Bürokommunikation, ja eine Funktionsintegration, die die obige Unterscheidung am einzelnen Arbeitsplatz überhaupt gegenstandslos macht, ist nur möglich,
wenn die einschlägigen funktionalen Systeme neu entwickelt

werden. Auch hier darf der Verfasser Erfahrungen sammeln:
Die nationalen Händlersysteme eines großen Automobilherstellers werden zur Zeit erneuert und gleichzeitig zu einem
europäischen System zusammengefaßt. Überleitungen von den
alten Systemen sind nicht möglich und auch nicht geplant.
Sämtliche Arbeitsplätze werden von der "Rundum-Erneuerung"
erfaßt. Ein Optimum an funktionaler Integration wird angestrebt.

Zunächst einmal verblüfft, wie sich die funktionalen Anforderungen verändern, wenn neue Realisierungsmöglichkeiten ins
Auge gefaßt werden:

Es gibt kaum einen Geschäftsvorfall, bei dem die Möglichkeit, auch eine freitextliche Erinnerungsnotiz anzubringen
und abzuspeichern oder an andere Stellen des Hauses weiterzuleiten, nicht willkommen wäre. Geradezu klassisch benimmt
sich hier die Auftragsannahme, in der der Auftragsannehmer
die Kunden- und Fahrzeugdaten, die benötigten Ersatzteile
und Arbeitspositionen definiert (schematische Datenverarbeitung) und Freiraum braucht, um mögliche individuelle
Anweisungen an die Werkstatt zu geben (Einbeziehung eines
einfachen Editors der Textverarbeitung). Gibt es auch noch
schriftliche Hinweise des Kunden, dann gehören auch diese
zum Auftrag (Scannen).

Es mehren sich die Fälle, in denen strenge Terminverfolgung
unverzichtbarer Bestandteil des neuen Systems wird. Der
Verkäufer muß nachfassen, damit der Neu- oder Gebrauchtwagen
rechtzeitig zur Übergabe an den Kunden fertig gemacht wird;
das Teilelager muß sich um die Beschaffung von Eilaufträgen
kümmern; fällt ein Mann aus, muß man sofort wissen, welche
Termine nun gefährdet sind.

Der wichtigste Einfluß auf die Arbeitsprozesse aber dürfte
sich aus der Einführung von elektronischer Kommunikationsdrehscheibe und elektronischem Archiv ergeben. Keine
"output" generierende Transaktion, die nicht an das Archiv
angeschlossen wäre; kein Kundenbrief, der nicht sofort in
das System eingelesen, zur Verarbeitung weitergeleitet und
schließlich mit den Bearbeitungsergebnissen in der Kundenakte abgelegt wird; kein "audit trail", der nicht, wenn es
Papierdokumente nicht mehr gibt, über das Archiv verfolgt
und im Archiv als Ergebnis abgespeichert werden muß.

Wie diese funktionsintegrierte Totalität realisiert werden
soll, wird noch untersucht. Eine, allerdings wenig realistische, Alternative könnte darin bestehen, eine Bürokommunikationsschale zu erwerben und die spezifische Funktionalität
in sie hineinzubauen. Wahrscheinlicher werden konventionelle
Funktionsmodule realisiert, in die Elemente der Bürokommunikation als Halbfertigprodukte mit eingebaut werden. Besonders aussichtsreich scheint sich wieder die Mehrfenstertechnik zur Systemintegration anzubieten. In der weiteren Verfolgung der bereits beschriebenen Ansätze lassen sich Applikations- und Bürokommunikationssysteme so miteinander verzahnen, daß der Anwender von Fenster zu Fenster durch ein
scheinbar gesamtheitliches System geführt wird.

Nicht erwünscht, wenn auch nicht ganz auszuschließen, wäre
eine vierte Variante, nämlich die Nachentwicklung von generellen Bürokommunikationselementen, wie z.B: dem der Terminverfolgung.


6. Ausblick


Während die Industrie sich noch bemüht, die Standards elektronischer Post einzuführen, die Standards elektronischer
Dokumente zu vereinbaren, und über die Notwendigkeiten von
Standards in vernetzten Systemen und verteilten Datenbanken
zu diskutieren, sind die Anforderungen moderner Systemanwen-
der längst darüber hinausgegangen. Wir brauchen eindeutige
sofort nutzbare Schnittstellen zu den einzelnen Elementen
der Bürokommunikation bereits heute, wir müssen sie wie
selbstgeschaffene Module einbauen, nutzen und wieder er-
setzen können, ohne daß wir zu einem größeren Systemrevire-
ment gezwungen werden. Sie müssen offen genug sein, um mit
den sonstigen Systementscheidungen zu Datenbanken, Kommuni-
kationsnetzen und Benutzeroberflächen zu harmonieren. Wir
können nicht warten und sind deswegen gezwungen, weiterhin
im Bereich proprietärer Lösungen Antworten auf unsere Forde-
rungen zu finden.

Wir werden uns weiter um die Integration der Funktionen am
einzelnen Arbeitsplatz und der Kommunikation im gesamten
Unternehmen bemühen - in der Erkenntnis, daß die den
Aufsatz einleitende Alternative nicht das letzte Wort sein
darf: "Klasse und Masse" werden gleichermaßen in der Bürokommunikation gefordert!

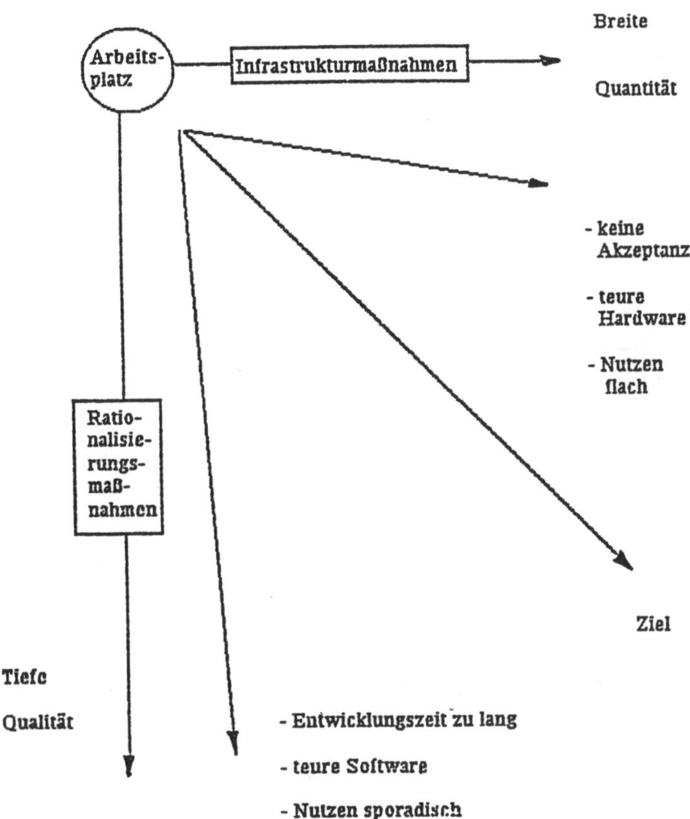
Integrationsanforderungen am Arbeitsplatz
Arbeits-
platz
Infrastrukturmaßnahmen
Breite
Quantität
- keine
Akzeptanz
- teure
Hardware
- Nutzen
flach
Ratio-
nalisie-
rungs-
maß-
nahmen
Ziel
Tiefe
Qualität
- Entwicklungszeit zu lang
- teure Software
- Nutzen sporadisch

Managementstrategien und Problemlösungen
2. Integration mit den Dialogsystemen

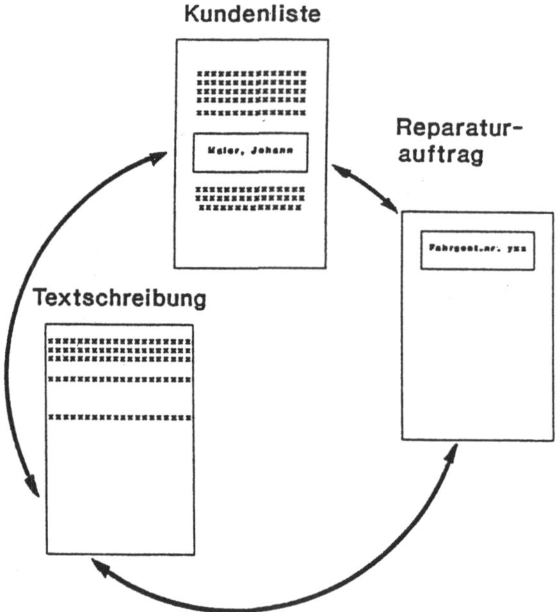


- **Multifunktionalität durch Mehrfenstertechnik**

- **dynamischer Informationsaustausch**

- **"automatischer Operator"**

## Integration in der Neuentwicklung

**1. Beispiel: Textprocessing
innerhalb eines Funktionsablaufes**

**Neuwagenverkauf**

**Gebrauchtwagenhereinnahme**

**Definition des Gebrauchtwagens**

**Abfrage Schwackeliste**

**Schwackewert**

**Anfrage Prüfung und Test**

**Prüfung und Test**

**Testbericht**

**Preisdefinition**

**Neuwagenverkauf**

# Integration in der Neuentwicklung

## 2. Beispiel: Terminkalender

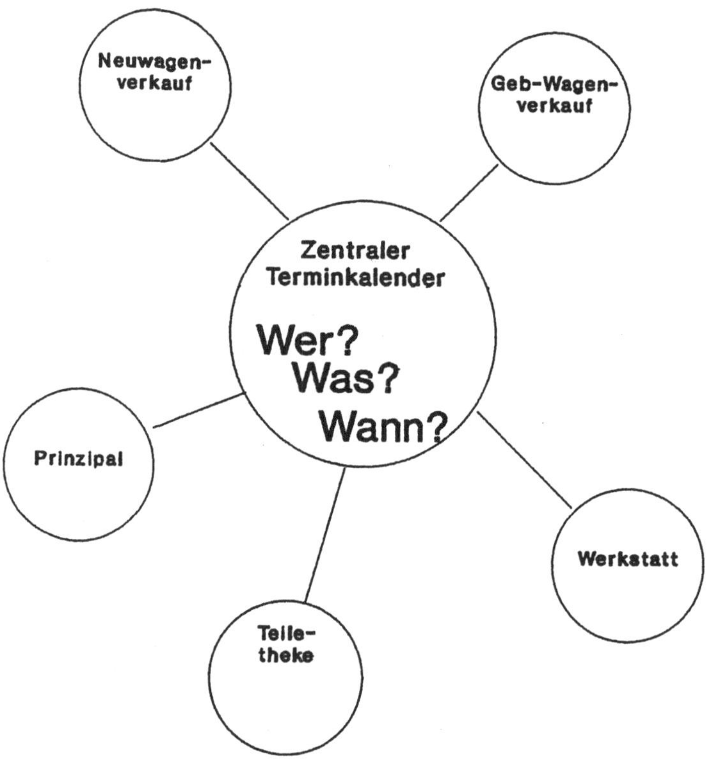

# Integration in der Neuentwicklung

### 3. Beispiel: "Zentralarchiv"

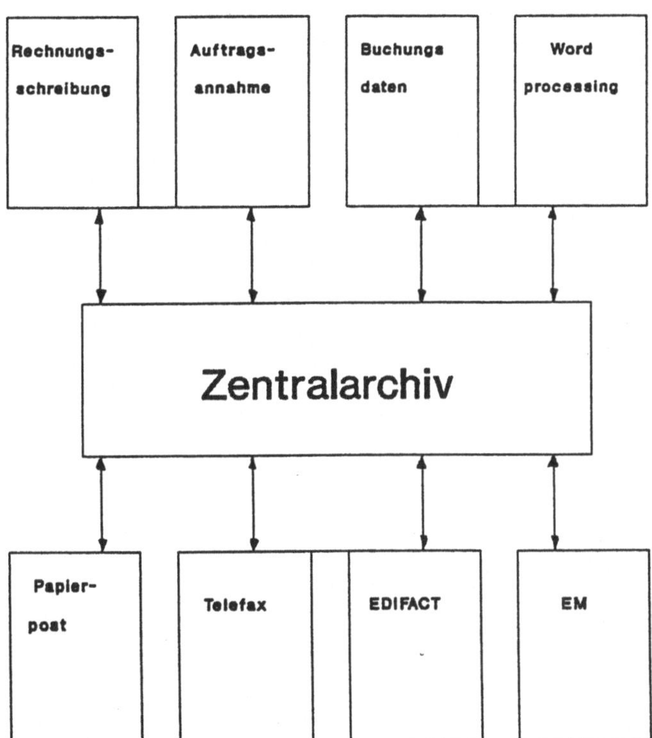

Garbers, Nikolaus  Dr. jur., Unternehmensberater.
Nach kaufmännischer Lehre und Studium
begann 1963 die Berufspraxis in dem Bereich
für "Systeme und Datenverarbeitung" bei Ford
in Köln, die über mehrere Management-
stationen im Jahre 1970 zur Bereichsleitung
führte. Seit 1985 Unternehmensberater mit
Einsatzschwerpunkt in der Automobil- und
Zulieferindustrie.

# C: Datenbanken - Brücken zwischen Praxis und Hochschule - Wirtschaftsinformatik-Ausbildung

Gerhard Kohnen

# Das Nachrichtenbearbeitungs- und -verteilungssystem des Bundespresseamtes

Dr. Gerhard Kohnen, Ministerialrat, Leiter der Unterabteilung "Datenverarbeitung und Dokumentation", Ref. IIB, im Presse- und Informationsamt der Bundesregierung, Bonn

## Gliederung

1. <u>Aufgaben des Presse- und Informationsamtes der Bundesregierung (BPA)</u>

Das Presse- und Informationsamt der Bundesregierung (Bundespresseamt) ist eine oberste Bundesbehörde. Sie untersteht - zusammen mit dem Bundeskanzleramt - dem Bundeskanzler unmittelbar.

Das Bundespresseamt hat - kurz gesagt - folgende Aufgaben:

- ständige Unterrichtung des Bundespräsidenten und der Bundesregierung über die aktuelle Nachrichtenlage,

- laufende Unterrichtung der Bürger und Medien über die Politik der Bundesregierung,

- Wahrnehmung der politischen Öffentlichkeitsarbeit im Ausland, zusammen mit dem Auswärtigen Amt,

- Koordinierung der Öffentlichkeitsarbeit der Bundesministerien in allgemeinpolitischen Angelegenheiten.

Das kostet im Haushaltsjahr 1991 319 Mio DM (1992 303 Mio DM). Von diesen 319 Mio DM entfallen 95 Mio DM für die Öffentlichkeitsarbeit "Ausland", 35 Mio DM für die Öffentlichkeitsarbeit "Inland", 26 Mio DM für Informationstagungen politisch-interessierter Bürger, 32 Mio DM für Zuweisungen und Zuschüsse an Inter Nationes sowie politische Stiftungen und 60 Mio DM für das BPA-Personal.

Im Bundespresseamt arbeiten zur Zeit 740 Mitarbeiterinnen und Mitarbeiter, davon sind - anders als bei den anderen obersten Bundesbehörden, bei denen das Verhältnis Angestellte/Beamte genau umgekehrt ist - 552 Angestellte und 188 Beamte.

2.    Informationstechnik im BPA

      Die Informationstechnik im BPA wird zur Unterstützung und Erledigung
      der folgenden vier Aufgabengruppen eingesetzt:

        - Zentrales Dokumentationssystem (BPA-DOK),
        - Öffentlichkeitsarbeit und Verwaltungsaufgaben,
        - Nachrichtenbearbeitungs- und -verteilungssystem (NBS) sowie
        - Bürokommunikation.


2.1   Zentrales Dokumentationssystem (BPA-DOK)

      Im Laufe der letzten 20 Jahre ist im Bundespresseamt eine Datenbank
      mit Dokumenten politischen Inhalts, die sich mit der deutschen Poli-
      tik befassen, aufgebaut worden. Diese Datenbank, die primär für An-
      fragen aus der Regierung und dem Parlament zur Verfügung steht, hat
      zur Zeit einen Bestand von 3 Mio deutschsprachiger Dokumente. Der
      täglich Zugang beträgt 600-900 Dokumente. Der gesamte Bestand dieser
      Datenbank ist tagesaktuell, d.h. er wird dreimal täglich (morgens,
      mittags, nachmittags) um die inzwischen hereingekommenen aktuellen
      Dokumente ergänzt.

      Der größte Teil dieses Datenbestandes ist im vollen Text erfaßt und
      kann daher auch im Orginalentext sowie in seiner ursprünglichen Län-
      ge ohne Kürzungen angeboten werden. Hierzu ist im Bundespresseamt
      eine automatische Volltexterfassung entwickelt worden, die im we-
      sentlichen auf ein hier aufgebautes und ständig erweitertes Lexikon
      der politischen, deutschen Sprache zurückgegreift. Dieses Lexikon,
      auch "Vergleichswortliste" genannt, umfaßt z.Zt. 83.000 Eintragungen
      und wird regelmäßig mit neuen Begriffen (Namen von Politikern, Orts-
      bezeichnungen, neue politische Terminologien) erweitert.

      BPA-DOK besteht weiterhin aus manuell indexierten Pressetexten. Mit-
      arbeiter des BPA (Indexierer) versehen ausgewählte Pressematerialien
      mit bibliografischen Angaben und Stichwörtern (Deskriptoren), ferti-

gen von langen Texten Zusammenfassungen (Abstracts) an und lassen das Originalmaterial auf Microfiches mikroverfilmen. Hierzu wird auf Material aus 65 Zeitungen zurückgegriffen.

Benutzer dieses Systems sind erste Linie Regierungs- und Parlamentsstellen, daneben aber auch 22 über Direktverbindungen angeschlossene Benutzer (Landesparlamente, Landesbehörden, europäisches Parlament etc.).

Zukünftig soll eine durchgehende Volltexterfassung und -speicherung erreicht werden, da die manuelle Indexierung zu personal- und zeitaufwendig ist. Außerdem wird an vereinfachten Retrievalmethoden (z.B. Zugriff vom PC) gearbeitet.

## 2.2 Öffentlichkeitsarbeit, Verwaltungsaufgaben

Das zentrale Dokumentationssystem (BPA-DOK) beansprucht eine erhebliche Rechnerkapazität, jedoch nicht zu allen Zeiten. Das Bundespresseamt hat daher in den vergangenen Jahren eine Reihe von Aufgaben der Öffentlichkeitsarbeit sowie der Verwaltung auf diese Rechnerkapazität gelegt. Dabei handelt es sich u.a. um die Verwaltung größerer Adressenbestände (350.000 Adressen), den Haushalt des Hauses, die Abwicklung des umfangreichen Besucherdienstes, die Verwaltung der hauseigenen Bibliothek sowie die Akkreditierung und Betreuung von Korrespondenten (bei größeren politischen Ereignissen - z.B. Wirtschaftsgipfel, Staatsbesuchen - lassen sich bis zu 5.000 in- und ausländische Korrespondenten akkreditieren).

## 2.3 Nachrichtenbearbeitungs- und -verteilungssystem (NBS)

Neben dem zentralen Dokumentationssystem (BPA-DOK) hat das Nachrichtenbearbeitungs- und -verteilungssystem (NBS) in den letzten Jahren mehr und mehr an Bedeutung gewonnen. Zum NBS im einzelnen wird auf die Ziffer 3 dieses Beitrages verwiesen.

## 2.4    Bürokommunikation

Die beiden Haupteinsatzgebiete der Informationstechnik im Bundespresseamt, nämlich das zentrale Dokumentationssystem BPA-DOK sowie
das Nachrichtenbearbeitungs- und -verteilungssystem NBS, sind vor
einigen Jahren um Anwendungen der Bürokommunikation, für die die
beiden zentralen Rechner der erstgenannten Systeme nicht in Frage
kamen, ergänzt worden. Auch im BPA zeigte es sich, daß in den infor-
mationstechnikferneren Arbeitseinheiten Bedürfnisse nach einer
leichteren Dokumenterstellung sowie dem Führen eigener, kleiner Datenbestände und dem Austausch von Daten (Dokumenten) innerhalb und
außerhalb des Hauses bestanden.

Das BPA hat sich daraufhin vor mehr als 5 Jahren zu einer Lösung auf
der Basis von mehrplatzorientierten Zentraleinheiten mit dem Betriebssystem UNIX entschlossen. Inzwischen sind 15 dieser Zentraleinheiten, an die 150 Bildschirme und 80 Drucker angeschlossen sind,
installiert worden. Fast jede Arbeitseinheit (Referat) des Bundespresseamtes verfügt über eine derartige Einrichtung; im kommenden
Jahr wird voraussichtlich jede Arbeitseinheit eine derartige Einrichtung haben. Alle 15 Zentraleinheiten sind untereinander verbunden und können auf die Zentralrechner, auf denen BPA-DOK und NBS
laufen, zugreifen.

Zur Zeit wird an einem zentralen BPA-Netz gearbeitet, das eine Verfügbarkeit aller Ressourcen an jedem Bildschirm garantieren soll.
Dieses zentrale BPA-Netz wird Bestandteil eines ebenfalls in der
Entwicklung befindlichen Bundesbehördennetzes sein. Diesem Bundesbe-
hördennetz kommt bei der Realisierung des Beschlusses über den Re-
gierungssitz besondere Bedeutung zu.

3. __Nachrichtenbearbeitungs- und -verteilungssystem (NBS)__

3.1 Aufgaben der Nachrichtenzentrale des BPA

Das Herzstück der Nachrichtenabteilung des BPA ist die Nachrichtenzentrale. Hier laufen alle eingehenden Informationen (Rundfunk,
Fernsehen, Nachrichtenagenturen, Publikationen etc.) zusammen, hier
werden sie in kürzester Zeit gesichtet und verteilt. Die Nachrichtenzentrale hat ständig (an allen Tagen des Jahres) den Bundespräsidenten, den Bundeskanzler, alle Bundesministerien und den Bundestag
über die aktuelle Nachrichtenlage zu unterrichten.

Die - im pausenlosen Schichtdienst arbeitenden - Mitarbeiter der
Nachrichtenzentrale müssen schnell die politische Bedeutung einer
Meldung erkennen, dann entscheiden, wer diese Meldung erhalten muß,
und sie anschließend dem oder den Empfängern unverzüglich übermitteln. Gegebenenfalls müssen sie die Meldungen um Fakten und Kommen-
tare ergänzen. Um dieses Ziels zu erreichen, ist im Bundespresseamt
vor 20 Jahren das Nachrichtenbearbeitungs- und -verteilungssystem
(NBS) entwickelt, seitdem ununterbrochen betrieben und fortentwik-
kelt worden.

3.2 Eigenschaften und Grundfunktionen des NBS

Die wesentlichsten Informationsquellen der Nachrichtenzentrale sind
die Meldungen der Nachrichtenagenturen. Das Bundespresseamt bezieht
die Dienste von 30 verschiedenen Nachrichtenagenturen aus aller
Welt. Diese Agenturen senden in der Regel im 24-Stunden-Rhythmus
ohne Unterbrechung. Das Nachrichtenbearbeitungs- und -verteilungssy-
stem ist grundsätzlich so konzipiert, daß alle Meldungen aller Agenturen in das System laufen, dort analysiert, der Nachrichtenzentrale
zur Verteilung zugeleitet und anschließend für ca. eine Woche im

System gespeichert werden. Das NBS ist somit der Kommunikationsknoten für den Empfang, die Verteilung sowie die kurzzeitige Speicherung aller vom BPA empfangenen Nachrichtenagenturmeldungen.


3.2.1 Systemeigenschaften

Unter der obigen Prämisse verfügt das Nachrichtenbearbeitungs- und -verteilungssystem über die folgenden drei hauptsächlichen Systemeigenschaften:

- Es ist zuverlässig und ständig verfügbar: Störungen dürfen nicht auftreten. Daher wurde ein fehlertolerantes Doppelsystem mit einem zusätzlichen backup-System - falls das Doppelsystem doch ausfallen sollte - installiert. Die ständige Stromversorgung wird durch eine unterbrechungsfreie Stromversorgung (USV), die einen Stromausfall von 30 Minuten überbrücken kann, und einen danach Strom produzierenden Dieselgenerator garantiert. Dadurch wurde erreicht, daß das NBS seit Jahren im 24-Stundenbetrieb an allen Tagen des Jahres nahezu störungsfrei läuft.

- Es ist schnell: 30 Sekunden nach ihrem Einlaufen steht jede Meldung der Nachrichtenzentrale zur Analyse und Verteilung zur Verfügung. Besonderer Wert wurde außerdem auf hervorragende Antwortzeiten gelegt, das heißt Such- und Verteilvorgänge dürfen am Bildschirm der Nachrichtenzentrale nicht länger als 0,5 - 2 Sekunden dauern.

- Es ist ausbaufähig: das System verfügt über vielfältige Konfigurations- und Ausbaumöglichkeiten, u.a. der Ein- und Ausgänge. So wurde das NBS z.B. 1989 um 17 weiteren Agenturen ergänzt, ohne daß sich an den beiden obengenannten Eigenschaften etwas änderte.

3.2.2 Grundfunktionen

Das Nachrichtenbearbeitung- und -verteilungssystem hat folgende
sechs Grundfunktionen:

- Es kann Meldungen empfangen: Mit ihm werden Meldungen von 13
  Drahtagenturen (u.a. adn, ap, afp, ddp, dpa, reuter, upi) und von
  17 Funkagenturen (u.a. mena, mti, pap, tass, tanjug, xinhua) empfangen.

- Es kann Meldungen analysieren: Jede hereinkommende Meldung wird
  vom NBS definiert und beschrieben, das heißt mit Meldungsanfang-
  und -endezeichen markiert, einem eindeutigen Datum zugeordnet und
  mit einer Überschrift versehen.

- Es kann Meldungen speichern: Alle Meldungen werden 7 Tage lang im
  NBS gespeichert und können u.a. von der Nachrichtenzentrale wieder
  abgerufen werden. Für eine langfristige Speicherung im BPA-DOK
  (s.Ziff. 2.1) werden dorthin täglich 6 - 900 Meldungen überspielt.

- Mit ihm kann man nach Meldungen suchen: Die Mitarbeiter der Nach-
  richenzentrale des BPA sowie andere Berechtigte können in dem gespeicherten Bestand nach bestimmten Meldungen und Meldungsmerkma-
  len wie Datum, Namen, Ort, Meldungsnummer suchen.

- Mit ihm kann man Meldungen redigieren: Die Redakteure der Nachrichtenzentrale können in den ihnen angezeigten Agenturmeldungen
  Passagen streichen oder hinzufügen, sie können auf andere Meldungen verweisen. Von dieser Möglichkeit wird gedoch selten Gebrauch
  gemacht, da der Empfänger in der Regel den Originaltext sehen
  will.

- Mit ihm kann man Meldungen verteilen: Z.Zt. erhalten 70 Empfänger
  im Regierungs- und Parlamentsbereich sowie im BPA die für sie von
  der Nachrichtenzentrale gezielt ausgewählten Agenturmeldungen.

## 3.3   Hard- und Software-Ausstattung des NBS

Zur Zeit wird im BPA mit der dritten Generation der NBS- Hard-
Software gearbeitet.

Folgende Hardware ist eingesetzt:
     4 Prozessoren Tandem-Nonstop CLX, je 8 MB,
     4 Platteneinheiten, je 300 MB,
    15 Kommunikationssteuereinheiten,
     1 Geschwindigkeitsumsetzer und Signalvervielfacher (GUS),
     1 Backlog-System GEI 600.
Betriebssoftware ist das Tandem-Betriebssystem GUARDIAN
(Release C 30). Die Anwendungssoftware wurde von einem Systemhaus
nach genauen Vorgaben des Bundespresseamtes erstellt und wird von
dort aus - zusammen mit dem BPA - gepflegt und erweitert.

## 3.4   Künftige Entwicklung

Primäre Aufgabe des Nachrichtenbearbeitungs- und -verteilungssystems
NBS ist das gezielte und schnelle Verteilen von Agenturmeldungen im
Regierungs- und Parlamentsbereich. Diese zeitkritische Aufgabe, die
als Aufgabe des Basissystems zu bezeichnen ist, darf in keiner Weise
durch künftige Weiterentwicklungen beeinträchtig werden.

Derartige Weiterentwicklungen zeichnen sich jedoch inzwischen deutlich ab. Es zeigt sich, daß die mit dem Basissystem zufriedenen Empfänger zusätzliche Anforderungen an das System stellen. Man möchte
z.B. eine eigenständige Auswahl von Agenturmeldungen nach bestimmten
Kriterien (z.B. Agentur, Meldungsnummer, Personen) selbst treffen
und auch Recherchen im 7-Tages-Bestand der gespeicherten Meldungen
durchführen können. Mit Rücksicht auf die unabänderbaren Aufgaben
des Basissystems können dieses zusätzlichen Anforderungen nur durch
ein Subsystem zum NBS erfüllt werden. Erste Grundlagen zur Entwicklung eines Subsystems sollen im BPA ab 1992 gelegt werden. Das Ziel
ist die Entkoppelung dieser neuen Anwendungen von der zeitkritischen
Meldungsannahme und -verteilung durch das Basissystem.

Kohnen, Gerhard    Dr. jur., Min.Rat., Leiter der Unterabteilung
"Informationstechnik, Zentrales Dokumentationssystem"
im Presse- und Informationsamt der Bundesregierung.
Nach dem Studium der Rechtswissenschaften in
Marburg/Lahn, Bonn und Köln Eintritt in die Allgemeine
und Innere Verwaltung des Landes Nordrhein-Westfalen,
dort erste Erfahrungen bei dem Einsatz der
Datenverarbeitung, vor mehr als 20 Jahren Wechsel zum
Bundespresseamt mit der Aufgabe, Datenverarbeitung
insbes. für Zwecke der Dokumentation und Information
einzusetzen, seitdem in diesem Bereich tätig.

Lutz Richter

# Informationstechnik
## - Brücken zwischen Praxis und Hochschule -

Prof. Dr. Lutz Richter, Universität Zürich, Institut für Informatik, Winterthurerstr. 190, CH-8057 Zürich

Gliederung

1.      **Einleitung**

1.1     **Das Problem der Halbwertszeit**

Die Studiengänge Informatik und Wirtschaftsinformatik sehen sich immer stärker einer kontroversen Problematik gegenüber, die aus den ständig kürzer werdenden Innovationszyklen der Informationstechnologie resultiert. In Analogie zu dem aus der Physik bekannten Begriff der Halbwertszeit (d.h. der Zeit, nach der ein Stoff zur Hälfte zerfallen ist) wird in der Informatik für dieses Phänomen oft der Begriff der Halbwertszeit des Wissens gebraucht, der durch diejenige Zeit beschrieben ist, nach der die Hälfte des Wissens in einer Disziplin durch neues Wissen ergänzt wird (wobei das alte Wissen zu diesem Bereich dabei nicht unbedingt obsolet wird). Man sagt, daß die Halbwertszeit in der Informatik heute weniger als 4 1/2 Jahre beträgt und der Trend eine weitere Verkürzung anzeigt. Wenn man andererseits die Ausbildungsdauer für einen Informatiker betrachtet, so sind i.d.R. mindestens neun Semester nach Studienplan erforderlich, um einen dieser beiden Hochschul-Studiengänge mit dem Diplom bzw. dem Lizentiat abzuschließen. Da für die Mehrzahl der Kandidaten diese Frist sogar noch überschritten wird, bleibt als Schluß aus der obigen Halbwertszeit-Betrachtung, daß am Ende eines Studiums bereits die Hälfte des während des Studiums vermittelten Wissens durch neues Wissen ergänzt wird und dieses schwerlich bereits voll berücksichtigt werden konnte. Wie löst man diesen — nicht nur scheinbaren — Widerspruch auf ?

## 1.2    Konsequenzen und Lösungsansätze

In der Praxis der Wirtschaft und Industrie hat die erwähnte Halbwertszeit eine noch viel weitergehende Konsequenz. Durch den über die vergangenen Jahrzehnte zunehmenden Druck nach schnellerer Realisierung von zunächst abwicklungstechnischen, d.h. operativen Anwendungen und seit einigen Jahren auch nach strategischen Informationssystem-Anwendungen sind zahlreiche Systeme von einem erheblichen quantitativen Umfang entstanden, die nur allzu häufig aus Personalqualifikations-, Zeit- und Aufwands-Gründen längst nicht nach den zu ihrer Entstehungszeit jeweiligen, technologisch möglichen Standards entwickelt wurden. Die Folge hiervon sind die berühmt-berüchtigten Altlasten, die aus heutiger Sicht und vor allem mit Blick auf die Zukunft längst hätten ersetzt werden müssen, indesssen trotz besserer Einsicht aus pragmatischen Gründen (heutige Verfügbarkeit, mangelnde Personal-Kapazität, Kosten u.a.) — zunächst — weiter am Leben erhalten werden. Es ist leicht einzusehen, daß unter diesen Voraussetzungen das Phänomen abnehmender Halbwertszeit immer gravierendere Folgen haben muß.

Eine Lösung des vorgehend beschriebenen Konfliktes kann wohl nur in den beiden folgenden Schritten gesucht werden:

- Die Hochschulen haben — und dies nicht nur in der Informatik — die Frage der Handhabbarkeit der Regenerierung des Wissens in jeder Disziplin zu jeder Zeit zu lösen gehabt. Natürlich wird diese Lösung mit abnehmender (Halbwerts)-Zeit schwieriger. Aber wenn die einzelnen Disziplinen nicht in der Lage sind, auf diese Frage eine konstruktive Antwort bereitzustellen, dann verfehlen sie zumindest in der Ausbildung ihren Auftrag. Eines der wichtigen Ziele einer Hochschulausbildung muß es nämlich unter anderem sein, die Absolventen auf den permanenten Weiterbildungs-Prozeß während ihrer beruflichen Laufbahn in geeigneter Weise vorzubereiten. Hierzu gehören nicht nur die Motivation für diese Erfordernis, sondern vor allem auch die Vermittlung der geeigneten Methoden und Verfahren (z.B. die Bewertung und Filterung der Informationsflut).

Wenn es den Hochschulen zumindest annähernd gelingt, im Wettlauf mit der Aktualisierung des Wissens mitzuhalten, so bleibt für die Praxis nur die Möglichkeit, über Brücken zur Hochschule an diesem Innovationsprozeß zu partizipieren. Wie diese Brücken zu "bauen" und aufrechtzuerhalten sind, wird in diesem Aufsatz zu beschreiben versucht.

## 2. Technologie-Transfer und Partner

### 2.1 Die Varianten

In einer zu dem Thema dieses Aufsatzes außerordentlich interessanten Publikation [AAS88] werden in einer Befragung bei 50 deutschen Hochschu-

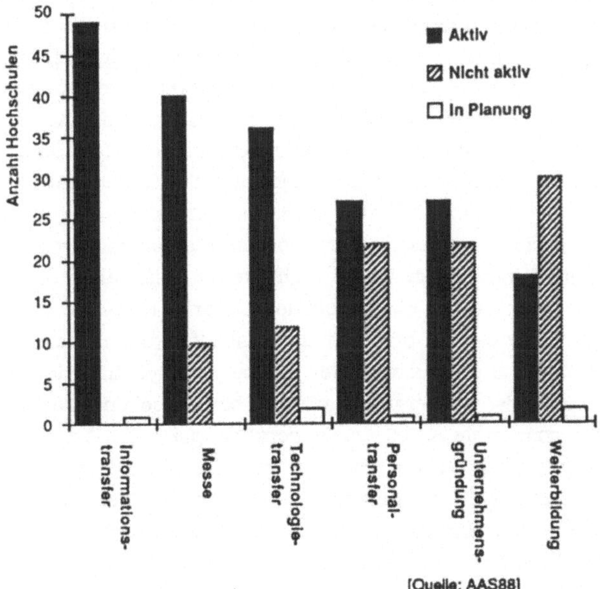


Abb. 1: Technologie-Transfer an deutschen Hochschulen

Hochschule und Praxis (vergl. Abb. 1) ausgewertet. Es fällt auf, daß unter
allen Varianten des Technologie-Transfers mit Abstand die größte Anzahl
der befragten Hochschulen auf dem Gebiet der Weiterbildung nicht aktiv ist
und — Stand 1988 — nur eine ganz geringe Zahl unter diesen zukünftig
Aktivitäten auf diesem Gebiet plant.logie-Transfers mit Abstand die größte
Anzahl der befragten Hochschulen auf dem Gebiet der Weiterbildung nicht
aktiv ist und — Stand 1988 — nur eine ganz geringe Zahl unter diesen
zukünftig Aktivitäten auf diesem Gebiet plant.


### 2.1    Die Kooperationspartner

Die Kooperationspartner der Wirtschaft zu den beiden wirtschaftswissenschaftlichen Disziplinen und der Informatik werden ebenfalls in [AAS88]
getrennt nach Bereichen, Unternehmensgrößen und Standorten untersucht
(Abb. 2).  Es fällt auf, daß die Informatik im Vergleich mit den beiden Wirt-
schaftwisssenschaften mit Abstand die stärksten Kontakte in die Industrie
unterhält, wohingegen die Volkswirtschaftslehre traditionell die Kooperationspartner vorwiegend im öffentlichen Bereich findet. Mit Blick auf die
Unternehmensgrößen dominieren für die Informatik die Partner aus den
Großunternehmen (mehr als 500 Beschäftige), was angesichts der in der
Regel sehr viel größeren Komplexität der informationstechnischen Fragestellungen in Unternehmen dieser Größe nicht weiter erstaunlich ist.
Bemerkenswert ist indessen die überproportional starke regionale Bindung
der Informatik. Im Gegensatz zu den beiden Wirtschaftswissenschaften
treten in der Informatik die überregionalen Kooperationspartner deutlich in
den Hintergrund. Zwar ist im Vergleich mit den beiden oekonomischen
Disziplinen der internationale Anteil an Kooperationspartnern Praxis -
Hochschule noch geringfügig höher, aber mit ca. 12% dennoch relativ
schwach. Vermutlich hat sich in den letzten 2-3 Jahren auf der Basis der
europäischen Esprit- und Eureka-Programme dieser Anteil weiter vergrößert, was einer direkten Fortsetzung der im Bereiche der Informatik
ohnehin schon seit Jahren bestehenden internationalen Zusammenarbeit

von Hochschulen verschiedener Länder entspräche.  Spezialisiertes Know-
how an einzelnen Informatik-Fachbereichen muß im Zuge immer stärkerer
Globalisierung auch deutlich über Landesgrenzen hinaus interessierten internationalen Partnern zugänglich werden.

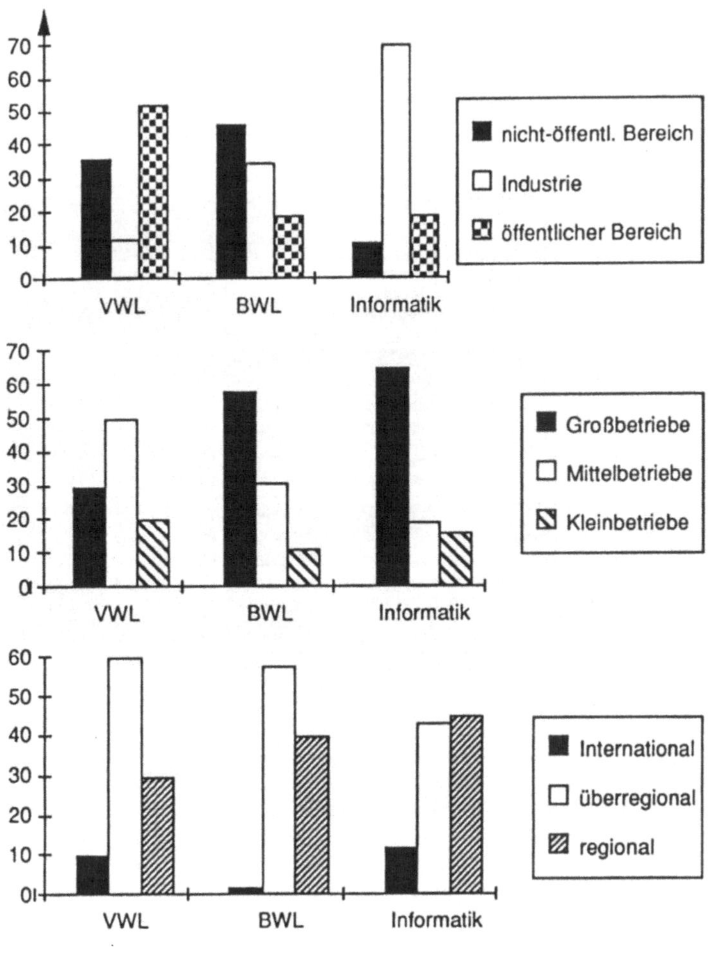


Abb. 2: Kooperationspartner nach Bereichen, Unternehmensgrößen und Standorten

## 3.    Praktische Beispiele

### 3.1    Das Motorola Software Engineering Training Projekt

Das weiter oben zitierte Defizit hinsichtlich der Weiterbildung steht sicherlich auch in krassem Gegensatz zu in der Halbleiterindustrie in den USA gemachten Erfahrungen.  So hat Motorola [DEI90. S.2-12] in einem Software Engineering Training Programm eine Einrichtung für die Weiterbildung der eigenen Mitarbeiter geschaffen, die sicherlich hervorragend demonstriert, wie auf diesem Gebiete der permanenten Fortbildung die Zusammenarbeit zwischen Hochschule und Industrie ablaufen kann.

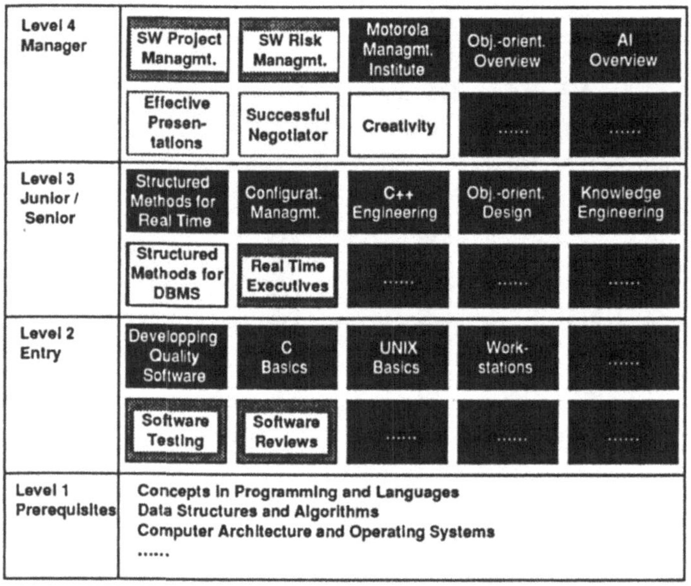

| | | | | | |
|---|---|---|---|---|---|
| **Level 4 Manager** | SW Project Managmt. | SW Risk Managmt. | Motorola Managmt. Institute | Obj.-orient. Overview | AI Overview |
| | Effective Presentations | Successful Negotiator | Creativity | ...... | ...... |
| **Level 3 Junior / Senior** | Structured Methods for Real Time | Configurat. Managmt. | C++ Engineering | Obj.-orient. Design | Knowledge Engineering |
| | Structured Methods for DBMS | Real Time Executives | ...... | ...... | ...... |
| **Level 2 Entry** | Developping Quality Software | C Basics | UNIX Basics | Work-stations | ...... |
| | Software Testing | Software Reviews | ...... | ...... | ...... |
| **Level 1 Prerequisites** | Concepts in Programming and Languages<br>Data Structures and Algorithms<br>Computer Architecture and Operating Systems<br>...... | | | | |

Abb.. 3: Motorola — University Relationships  / Auszug [DEI90. S.10]

Mit der Vorgabe, daß jeder Motorola-Mitarbeiter im Minimum 40 Stunden Training und Weiterbildung absolvieren muß, wurde von Motorola und der Ohio State University, der Arizona State University, der Florida Atlantic University, der University of Illinois (Chicago), der Tel Aviv University in Israel und weiteren Institutionen in Japan ein vierstufiges Modell entwickelt, über das derzeit mehr als 160'000 Personenstunden/Jahr Aus-, Fort- und Weiterbildung abgewickelt werden (vergl. Abb. 3).

Mit diesem Programm wird versucht, je nach Aufgabenbereich der Mitarbeiter und angepaßt an den jeweiligen Fortbildungsstand eine kontinuierliche Auseinandersetzung mit aktuellen Sprachen, Methoden und Werkzeugen zu gewährleisten.

### 3.2    Studienprojekte im Wirtschaftsinformatik-Studium

Neue Formen der Ausbildung sind erforderlich, um die Brücken zwischen Hochschule und Praxis zu verbreitern. So wird z.B. im Hauptfachstudiengang Wirtschaftsinformatik der Universität Zürich seit vielen Jahren mit großem Erfolg in Studienprojekten die Einbindung der Wirtschaft in die Ausbildung an der Hochschule gepflegt. Jeder Student der Wirtschaftsinformatik hat im Hauptstudium, d.h. zwischen dem 6. und 9. Semester, obligatorisch ein, oder in gewissen Kombinationen auch zwei Studienprojekte zu absolvieren.

Ein Studienprojekt ist eine dreimonatige, zusammenhängende Tätigkeit außerhalb der Hochschule, die in der Regel in der vorlesungsfreien Zeit zwischen Ende des Sommer- und Beginn des Wintersemesters stattfindet. Außerhalb der Hochschule bedeutet hier nahezu alle Branchen der Wirtschaft einschließlich der öffentlichen Verwaltung. Obwohl als Ort für diese Studienprojekte überwiegend der regionale Einzugsbereich gewählt wird, gibt es immer Studienprojekte, die in anderen Teilen der Schweiz als auch im Ausland (wiederholt sogar inkontinental) absolviert werden. Wie der Teilbegriff "...projekt" schon andeutet, schließt diese

Tätigkeit die Einbindung des Studenten in ein bestehendes Projekt ein. Mit der beabsichtigten Integration in ein bestehendes Projekt-Team gelingt in den meisten Fällen eine Vermittlung der Hauptziele dieser Studienprojekte. daß nämlich

— alle Informatik-Projekte maßgeblich von der Team-Fähigkeit der Projekt-Mitglieder abhängen und zugleich ohne saubere Projekt-Führung und ein entsprechendes Projekt-Controlling der Mißerfolg eines Projektes vorprogrammiert ist;

— die Ressource Zeit in aller Regel die am meisten kritische Größe darstellt u n d

— die erzielbare Lösung nicht das technische bzw. fachliche Optimum allein ist. sondern die pragmatische Verbindung zwischen letzterem und unter Ressourcen-begrenzenden Randbedingungen und damit unter Machbarkeits-Gesichts punkten darstellt.

Sowohl in der Hochschule als auch in dem Unternehmen. in dem das Studienprojekt absolviert wird. steht ein jeweils individuell für das betreffende Studienprojekt benannter Betreuer für den Studenten zur Verfügung. um entsprechend der vorab für die dreimonatige Dauer vereinbarten Aufgabenstellung die Anleitung und Begleitung zu übernehmen. Der Betreuer seitens der Hochschule prüft die vor Beginn des Studienprojekts vom Studenten mit dem Unternehmen vereinbarte Aufgabenstellung, um die fachlichen Qualitätsansprüche (hinreichend anspruchsvolle Aufgabenstellung, Machbarkeit innerhalb der Zeit etc.) und organisatorischen Anforderungen (Mitarbeit im Projekt. Stand und Umfeld des Projektes etc.) an ein solches Studienprojekt sicherzustellen. Bei Bedarf treten die beiden Betreuer in Verbindung.

Der Student liefert den beiden Betreuern nach etwa 6 Wochen Laufzeit einen Zwischenbericht und nach Abschluß des Studienprojektes einen Schlußbericht. Außerdem findet eine öffentliche Präsentation der im vergangenen Halbjahr durchgeführten Studienprojekte statt, an der neben den Betreuern auch Studenten jüngerer Semester teilnehmen , die sich auf diese Weise einen Überblick über die für sie möglichen Chancen für ihr eigenes, demnächst zu absolvierendes Studienprojekt verschaffen. Die Beschaffung eines Studienprojekt-Platzes erfolgt durch die betreffenden Studenten selbst. Mehr als 50% der pro Zeitraum erforderlichen Plätze wird durch die Studenten vorab ohne Hilfe des Instituts für Informatik direkt beschafft. Die andere Hälfte greift auf eine im Institut vorhandene Kartei von Unterneh-men, die in der Vergangenheit Studienprojekt-Plätze angeboten haben, zurück. Obgleich in den einschlägigen Reglementen (Wegleitung, Studien-ordnung, Prüfungsordnung) keinerlei Garantie für einen Studienprojekt-Platz gewährt wird, hat es in den vergangenen knapp 10 Jahren nie ein Problem bei der Beschaffung eines solchen Studienprojekt-Platzes gegeben.

Bemerkenswert ist, daß eine große Zahl der Studenten nach ihrem Studienprojekt mit dem Unternehmen weiter in Verbindung bleiben und vielfach über stundenweise Tätigkeiten an dem Fortgang des Projektes, an dem sie vorher mitgearbeitet haben, auch weiterhin beteiligt sind. In nicht wenigen Fällen tritt der Student auch nach Abschluß seines Studiums seine erste Stelle bei dem Unternehmen an, bei dem er/sie früher das Studien-projekt absolviert hat. Diese partielle Bindung der Studenten bis zu ihrem Examen hat zahlreiche Vorteile, birgt aber natürlich auch manche Gefahren in sich. So sind durchaus Fälle bekannt, bei denen Studenten einen gleiten-den Übergang von einem schrittweise immer weiter abgebrochenen Studium zu einer vollen Berufstätigkeit vollzogen haben.


### 3.3    Weitere Möglichkeiten

Unter allen Umständen müssen neue Wege gesucht werden, um die Beziehungen zwischen Hochschule und Praxis zu verbreitern und zu inten-sivieren. Die oben beschriebene, verstärkte Einführung von Praxissemestern ist dabei nur eine Möglichkeit. Hervorragende Erfahrungen sind vielerorts

mit permanenten Teilzeitprofessuren, die gleichzeitig mit einer parallelen
Tätigkeit in der Praxis gekoppelt sind, gemacht worden. Der Vorteil dieser
Verbindung liegt nicht so sehr in der scheinbaren Institutionalisierung
möglicher "Brückenfunktionen", sondern vielmehr in der sich dadurch über
die Zeit ergebenden Überdeckung von "Sprachen" und "Denkweisen". Die
Umkehrung — die Freistellung von Hochschullehrern für zeitlich befristete
Aufgaben in der Praxis — scheint auf den ersten Blick bereits durch die
Gewährung von periodischen Forschungsfreisemestern ("Sabbatical") zu
existieren. Da allerdings überwiegend diese Freisemester nur an einer anderen Hochschule verbracht werden, statt mit der Beschäftigung einer
(durchaus meist auch für die Forschung relevanten) Fragestellung aus der
Praxis, bedarf es doch noch anderer Konstrukte. In ingenieurwissenschaftlichen Diziplinen ist es üblich, daß Verbundforschung in der Form von Projekten mit der Industrie bzw. den Großforschungseinrichtungen und mit
Auftragsforschung stark im Vordergrund steht. Für die Informatik stellt man
hier an zahlreichen deutschsprachigen Hochschulen noch immer ganz erhebliche Zurückhaltung fest, die es dringend zu beseitigen gilt. Zu allerst
natürlich bedarf es des aktiven Engagements in Sachen Weiterbildung. Wie
weiter vorn dargelegt wurde, sind uns auf diesem Gebiet unsere angelsächsi-
schen Kollegen ein ganzes Stück voraus.


## 4.    Schlußfolgerungen

Um die genannten und weitere Brücken zwischen Hochschule und
Praxis zu pflegen und zu stabilisieren, müssen hinreichend unterschiedliche
Kommunikations-Kanäle geschaffen werden. Es geht darum "Feindbilder"
und "Schwellenängste" abzubauen, die auf der Seite der Hochschule vielfach
in

- einer angeblich zu geringen wissenschaftlichen Attraktivität
- der zumeist unberechtigten Sorge vor einem zu großen Einfluß
  der Wirtschaft
- der Furcht vor zu pragmatischen Randbedingungen

gesehen werden und auf der Seite der Praxis in

—   der zu starken Theorie-Lastigkeit der Hochschularbeiten

—   Berührungsängsten mit den Vertretern der Hochschule

—   mangelnden Projekt-Erfahrungen bei den Hochschul-Partnern

verstanden werden. Diese beliebig erweiterbaren Listen von wechselseitigen Vorurteilen demonstrieren vielleicht stärker als alles zuvor Gesagte, daß nur das gemeinsame Handeln dazu führen kann, symmetrisch voneinander zu lernen und damit für die eigenen Aufgaben zu profitieren.

Die diversen Brücken möglicher Zusammenarbeit sind immer nur so stark, wie die verantwortlichen "Baumeister". Leider ist auch immer wieder zu hören, daß Verordnungen, Institutionen und andere Instanzen als Grund dafür angegeben werden, wenn tatsächlich gewisse Abläufe schwerfällig sind oder versagen. Es kann aber nicht die Institution dafür verantwortlich gemacht werden, wo das Individuum versagt! Beide Seiten haben sicherlich die Chance, jeweils komplementär die Vorteile zu nutzen und ebenso die Nachteile jeder Seite zu vermeiden. Sicherlich kann es sich keine der beiden Seiten leisten, wertvolle und verfügbare Ressourcen nicht zu nutzen.


**Literatur**

[AAS88]     Allesch, J., Preiß-Allesch, D., Spengler, U., Hochschule und
            Wirtschaft, Bestandsaufnahme und Modelle der Zusam-
            menarbeit, Verlag TÜV Rheinland GmbH Köln (1988)

[DEI90]     Deimel, L. E. (Ed.), Software Engineering Education, SEI
            Conference Proceedings, Springer-Verlag, Berlin (1990),
            Lecture Notes in Computer Science 423

[FMS90]     Grüneberg, O.-H., Die Attraktivität der Hochschulforschung für
            die Industrie, in Friemel, H.-J., Müller-Schönberger, G.,
            Schütt, A. (Hrsg.), Forum '90, Wissenschaft und Technik,
            Informatik-Fachberichte 259, Springer-Verlag (1990),
            S. 500-505

[GIB89]     Gibbs, N. E. (Ed.), Software Engineering Education, SEI
            Conference Proceedings, Springer-Verlag, Berlin (1989),
            Lecture Notes in Computer Science 376

[TOM91]     Tomako, J. E. (Ed.), Software Engineering Education, SEI
            Conference Proceedings, Springer-Verlag, Berlin (1991),
            Lecture Notes in Computer Science 536

Richter, Lutz — Prof. Dr. rer. nat., Ordinarius für Informatik an der Universität Zürich im Studiengang Wirtschaftsinformatik mit den Arbeitsgebieten Betriebssysteme, Software Engineering, Algorithmen und Datenstrukturen, betriebliche Anwendungssysteme, Information Management und CIM; nach dem Studium und Promotion in Mathematik in Berlin und Aachen 11 Jahre an der Kernforschungsanlage Jülich, zuletzt als Leiter der Datenverarbeitung, danach 12 Jahre Ordinarius für Informatik an der Universität Drotmund und jetzt seit 7 Jahren in Zürich.

Peter Stahlknecht

# Entwicklungstendenzen einer praxisbezogenen Wirtschaftsinformatik-Ausbildung

Prof. Dr. Peter Stahlknecht, Lehrstuhl für Wirtschaftsinformatik, Universität Osnabrück

# Gliederung

1    Das Berufsbild des Wirtschaftsinformatikers

2    Der Arbeitsmarkt für Wirtschaftsinformatiker

3    Formen der Hochschulausbildung in
     Wirtschaftsinformatik

4    Praxisbezogene Ausbildung im Wandel

5    Erfahrungen mit Praxisprojekten bei Examensarbeiten

6    Zusammenfassung und Ausblick

## 1 Das Berufsbild des Wirtschaftsinformatikers

Ehe man sich mit dem Stand und den Entwicklungstendenzen der Wirtschaftsinformatik-Ausbildung befaßt, erscheint es angebracht, das Berufsbild des Wirtschaftsinformatikers zu definieren und die aktuelle Arbeitsmarktsituation für Wirtschaftsinformatiker zu beschreiben.

Der Inhalt der Wirtschaftsinformatik wird nach heutiger Auffassung weitgehend mit den Aufgaben des *Informationsmanagements* identifiziert. Darunter versteht man /STA 91, S. 392f./

a) das Informationssystem-Management, dem es - einfach formuliert - obliegt, die richtige Information zur richtigen Zeit am richtigen (Arbeits-)Platz zur Verfügung zu stellen und

b) das Informatik-Management in Form der klassischen DV-Abteilung, die die benötigten Informationen mit den Instrumenten der Informationsverarbeitung (Hardware, Software, Kommunikationseinrichtungen) und mit Hilfe des DV-Personals in wirtschaftlicher Weise beschafft.

Die von der Bundesanstalt für Arbeit herausgegebenen und an allen Arbeitsämtern verfügbaren "Blätter zur Berufskunde" beschreiben das Aufgabengebiet für den *Wirtschaftsinformatiker* wie folgt /BfA 86/:
- Entwurf und Einführung betrieblicher Informationssysteme,
- Fortentwicklung betrieblicher Informationssysteme,
- Erarbeitung und Einführung von Organisationskonzepten,
- Entwicklung und Einführung (für betriebswirtschaftliche Aufgabenbereiche) der Anwendungssoftware,
- Durchführung theoretischer und angewandter Forschung zur Anwendung der Informationstechnologie,
- Ausarbeitung neuer Methoden und Verfahren zur Entwicklung von Informationssystemen,
- Vertrieb von Hard- und Softwareprodukten und Unterstützung der Anwender bei der Planung, Implementierung und dem Einsatz entsprechender Produkte,
- Konzeption und Durchführung von Schulungen für die Benutzung betrieblicher Informationssysteme sowie Aus- und Weiterbildungsmaßnahmen für Hersteller, Anwender und private oder öffentliche Bildungseinrichtungen,
- Wahrnehmung von Führungsaufgaben für DV-Abteilungen, Fachabteilungen, Projekte oder für DV-Unternehmen und Beratungsfirmen.

Zusammenfassend läßt sich die Hauptaufgabe der Wirtschaftsinformatik in der Entwicklung von Konzepten sehen, mit denen sämtliche betrieblichen Daten und Arbeitsabläufe unter Einbezug aller kaufmännischen und technischen Arbeitsplätze und zunehmend der gesamten außerbetrieblichen Umwelt integriert werden.

Die Bundesanstalt für Arbeit teilt die mit der Informationsverarbeitung befaßten Berufe schon seit längerem (DOS 87, DOS 89/ wie folgt in drei Gruppen ein:

Kernberufe:
Die Datenverarbeitung spielt eine dominierende, berufsbestimmende Rolle. Die Fachkräfte benötigen zu ihrer Berufsausbildung intensive Kenntnisse über Datenverarbeitung und arbeiten vorwiegend an oder mit Computern. Sie sind organisatorisch meist in der DV-Abteilung oder im Rechenzentrum angesiedelt ("Computerberufe" im engeren Sinn).

Mischberufe:
Fachaufgaben und Datenverarbeitungsaufgaben sind etwa gleichgewichtig gemischt. Benötigt wird eine entsprechende Ausbildung auf beiden Gebieten. In der Berufstätigkeit müssen die Aspekte beider Bereiche ausgeglichen berücksichtigt werden. Zu den Mischberufen gehören beispielsweise Sachbearbeiter, die soviel DV-Kenntnisse haben, daß sie Elemente der von ihnen genutzten Programme variieren und verändern können.

Randberufe:
Die Datenverarbeitung spielt nur eine "periphere" Rolle. Der Computer wird lediglich als Werkzeug benutzt, ohne daß dazu besondere DV-Qualifikationen erforderlich wären (Beispiele: Sekretärinnen, Buchhalter, Reisebürofachkräfte).

Wirtschaftsinformatiker werden je nach betrieblichem Einsatz in den Kernberufen, in starkem Maße in den Mischberufen und zum geringen Teil in den Randberufen tätig werden.

## 2 Der Arbeitsmarkt für Wirtschaftsinformatiker

Die *Arbeitsmarktsituation* für Wirtschaftsinformatiker ist unverändert günstig. Im einzelnen läßt sich diese Feststellung wie folgt belegen:

1) Die generelle Nachfrage nach DV-Fachkräften hält unvermindert an. In den Jahren 1987 bis 1989 betrug die Zunahme an DV-Fachkräften ca. 30%. Nach wie vor wird mit einem jährlichen Zuwachs von ca. 10% gerechnet. Derartige Zuwachsraten gibt es in keiner anderen Berufsgruppe /DOS 89/.

2) Von der Bundesanstalt für Arbeit wird prognostiziert, daß im Jahr 2000 an zwei Drittel aller Arbeitsplätze zwingend DV- bzw. Informatik-Kenntnisse erforderlich sein werden (gegenüber einem Ist-Anteil von 18% im Jahr 1980). Es wird erwartet, daß 4% aller

Beschäftigten in den DV-Kernberufen, 20% in den DV-Mischberufen und 40% in den DV-Randberufen tätig sein werden /DOS 87, DOS 89/.

3)  Der hohe Anteil der DV-Berufe am Arbeitsmarkt wird durch die Auswertung von Stellenanzeigen bestätigt, die das Control Data Institut, München, regelmäßig durchführt. In den überregionalen Tageszeitungen "Frankfurter Allgemeine Zeitung", "Süddeutsche Zeitung" und "Die Welt" sowie in dem Fachorgan "Computerwoche" betrafen im ersten Quartal 1990 26,8% und im ersten Quartal 1991 24,8% aller Stellenanzeigen einen DV-Beruf /CD 91/. Der geringfügige Rückgang (bei einer insgesamt um 2,2% niedrigeren Anzahl von Stellenanzeigen) wird auf die steigende Stellenbesetzung durch Eigenbewerbungen (bei Berufsanfängern) und über Personalberater (bei DV-Führungskräften) zurückgeführt.

4)  Daß von der aufgezeigten Entwicklung der Beruf des Wirtschaftsinformatikers wesentlich profitiert, zeigt eine vom Fachgebiet Wirtschaftsinformatik der Universität Osnabrück durchgeführte Auswertung der Stellenanzeigen in allen Wochenendausgaben der Tageszeitungen "Frankfurter Allgemeine Zeitung" und "Die Welt" und in der "Computerwoche" für das Jahr 1990. Veröffentlicht waren 5.618 Anzeigen mit insgesamt 7.553 Stellenangeboten. Läßt man die Stellenangebote für Operateure, Arbeitsvorbereiter und Hardwarespezialisten sowie die direkt für Kerninformatiker und sonstige Hochschulabsolventen ausgeschriebenen Stelllen unberücksichtigt (567 Stellenangebote), verbleiben 6.966 Stellenangebote (92,4%). Die Aufteilung zeigt die Tabelle in Abbildung 1. Außer für die vorwiegend Kerninformatikern vorbehaltene Tätigkeit des Systemprogrammierers kommt der Wirtschaftsinformatiker praktisch für alle Tätigkeiten in Betracht, für die Leitungsfunktionen selbstverständlich erst nach entsprechender Bewährung. Das bedeutet, daß der Wirtschaftsinformatiker an mehr als 80% der ausgeschriebenen DV-Stellen sofort oder später zum Einsatz kommen kann.

5)  Abbildung 1 zeigt einen hohen Anteil an Stellenangeboten für die Systementwicklung, die Benutzerberatung und den DV-Vertrieb. Damit wird eine Aussage des Instituts für Sozialwissenschaftliche Forschung (ISF) an der Universität Marburg bestätigt, nach der "immer mehr DV-Fachkräfte benötigt werden, die neben DV-Spezialwissen über Organisationswissen verfügen, da sie nicht mehr im Elfenbeinturm Rechenzentrum oder relativ isoliert in der DV-Fachabteilung sitzen, sondern sich in enge Kooperations- und Kommunikationsstrukturen mit Fachabteilungen eingebunden wissen und zu deren Arbeit inhaltliche Bezüge herstellen müssen" /ROB 91/. In gleicher Weise läßt sich ein weiteres Ergebnis der genannten Auswertung von Stellenanzeigen durch das Control Data Institut interpretieren, nach dem als wichtigste fachübergreifende Qualifikation von den Bewerbern Kooperationsfähigkeit gefordert wird.
Eine praxisbezogene Ausbildung in Wirtschaftsinformatik sollte durch die Durchführung von Projekten, Workshops, Arbeitsgemeinschaften usw. gerade auf den Erwerb dieser Fähigkeit hinwirken.

6)  Aus der Auswertung des Control Data Instituts ergibt sich ferner, daß auch Berufsanfänger auf dem Gebiet der Wirtschaftsinformatik (wie Anfänger im gesamten DV-Bereich)

gute Berufschancen besitzen, weil in über 23% der Stellenangebote keine Berufserfahrungen vorausgesetzt werden.


## 3 Formen der Hochschulausbildung in Wirtschaftsinformatik

Zur Ausbildung in Wirtschaftsinformatik zählt, wie die Aufstellung in Abbildung 2 zeigt, inzwischen ein breites Spektrum von Abschlüssen /BfA 90/.

Während Diplom-Wirtschaftsinformatiker und Diplom-Kaufleute mit Schwerpunkt Wirtschaftsinformatik an wissenschaftlichen Hochschulen und Diplom-Wirtschaftsinformatiker (FH) sowie Diplom-Informatiker (FH) mit Schwerpunkt Wirtschaftsinformatik an Fachhochschulen ausgebildet werden, erfolgt die Ausbildung zum Diplom-Betriebswirt (BA) der Fachrichtung Wirtschaftsinformatik an Berufsakademien in Baden-Württemberg. Studienmöglichkeiten in der Fachrichtung Wirtschaftsinformatik gibt es außerdem an Berufsakademien in den Bundesländern Niedersachsen und Schleswig-Holstein. Dort besteht allerdings noch kein Diplom-Recht. Die Ausbildung zum Abschluß als "Staatlich geprüfter Wirtschaftsinformatiker" bieten Berufsfachschulen und einige staatliche Fachschulen an. Die Kenntnisse, die zur Ablegung der Prüfung zum anerkannten Abschluß "Geprüfter Wirtschaftsinformatiker" vor den zuständigen Industrie- und Handelskammern erforderlich sind, können bei einigen staatlichen und bei privaten Fachschulen erworben werden.

Zulassungsvoraussetzung für die Ausbildung zum Diplom-Wirtschaftsinformatiker bzw. Diplom-Kaufmann mit Schwerpunkt Wirtschaftsinformatik ist die allgemeine Hochschulreife, für die Ausbildung zum Diplom-Wirtschaftsinformatiker (FH) bzw. Diplom-Informatiker (FH) mit Schwerpunkt Wirtschaftsinformatik sowie für die Ausbildung als "Staatlich geprüfter Wirtschaftsinformatiker" die Fachhochschulreife. Voraussetzung für die Zulassung an den Berufsakademien sind das Abitur und ein Vertrag mit einer betrieblichen Ausbildungsstätte. Im Gegensatz zu den anderen Abschlüssen setzt die Zulassung zur Prüfung zum anerkannten Abschluß "Geprüfter Wirtschaftsinformatiker" Berufspraxis voraus, von der ein Teil einen Zusammenhang mit einer Tätigkeit als Wirtschaftsinformatiker besitzen muß.

Zum Berufsbild des Wirtschaftsinformatikers ist weiterhin der "Informatik-Betriebswirt (VWA)" zu zählen, für den mehrere Verwaltungs- und Wirtschaftsakademien Studiengänge eingerichtet haben. Schließlich werden noch von einigen Industrie- und Handelskammern Fortbildungsprüfungen für den Abschluß als
- Betriebsinformatiker/in oder
- Informationsorganisator/in
angeboten. Die Prüfungsanforderungen decken sich weitgehend mit denen für Geprüfte Wirtschaftsinformatiker.

Von der betrieblichen Praxis wird - insbesondere nach längerer Berufspraxis - der erworbene Ausbildungsabschluß nicht überbewertet. Daher besitzen Absolventen aller Aus- und Fortbildungsberufe auf dem Gebiet der Wirtschaftsinformatik durchweg positive Chancen auf dem Arbeitsmarkt. Wegen der steigenden fachlichen Anforderungen und des Konkurrenzkampfs auf dem Arbeitsmarkt dürften allerdings langfristig den Absolventen mit Hochschulabschluß die besseren Aussichten einzuräumen sein. Nach Angaben der Bundesanstalt für Arbeit besaßen in den letzten Jahren durchschnittlich 55% der neu eingestellten DV-Fachkräfte einen Hochschulabschluß. Diesen hohen Anteil bestätigt die Auswertung der Stellenanzeigen für 1990 durch das Fachgebiet Wirtschaftsinformatik der Universität Osnabrück: In 46% der Fälle wird von den Bewerbern ein Hochschulabschluß verlangt.

Die folgenden Ausführungen konzentrieren sich auf die Ausbildung in Wirtschaftsinformatik an wissenschaftlichen Hochschulen.

An den wissenschaftlichen Hochschulen wird heute praktisch an jeder wirtschaftswissenschaftlichen Fakultät eine Ausbildung in Wirtschaftsinformatik angeboten. Dabei lassen sich drei Ausbildungs- bzw. Studienformen unterscheiden, und zwar:

Studienform 1:     Wirtschaftsinformatik als Wahlpflichtfach
Studienform 2:     Wirtschaftsinformatik als Studienrichtung (Vertiefungsfach)
Studienform 3:     Wirtschaftsinformatik als Studiengang

Die klassische Ausbildungsform ist *Studienform 1*, bei der Wirtschaftsinformatik als ein von in der Regel fünf Diplomprüfungsfächern gewählt werden kann. Bei *Studienform* 2 verdoppelt sich der Anteil der Wirtschaftsinformatik, indem sich zwei der fünf Prüfungsfächer mit Wirtschaftsinformatik belegen lassen. Voraussetzung ist, daß zwei Lehrstühle vorhanden sind, die das Fach anbieten. Wirtschaftsinformatik als Vertiefungsfach kann u.a. an den Universitäten Göttingen, Nürnberg und Osnabrück belegt werden. Bei den Studienformen 1 und 2 bleibt es beim üblichen Diplomgrad, d.h. in der Regel Diplom-Kaufmann bzw. Diplom-Kauffrau.

*Studienform 3* ist in der letzten Jahren an mehreren Universitäten eingerichtet worden, u.a. in Bamberg, Darmstadt, Essen, Köln, Mannheim, Münster und Paderborn. Bereits im Grundstudium, hauptsächlich aber im Hauptstudium, wird eine gegenüber den Studienformen 1 und 2 wesentlich umfangreichere Ausbildung in Wirtschaftsinformatik angeboten, die mit dem akademischen Grad Diplom-Wirtschaftsinformatiker abschließt. Wirtschaftsinformatik als eigenständiger Studiengang ist im Gegensatz zu den Studienformen 1 und 2 nicht dem zentralen Zulassungsverfahren durch die ZVS in Dortmund unterworfen, so daß die Hochschulen individuelle Zulassungsbeschränkungen erlassen können. Dadurch läßt sich die Ausbildung noch stärker intensivieren. Studiengänge Wirtschaftsinformatik sind nur dann sinnvoll realisierbar, wenn entweder mindestens drei Lehrstühle für Wirtschaftsinformatik eingerichtet werden oder gleichzeitig eine Informatik-Fakultät vorhanden ist, die sich in das Leistungsangebot einbeziehen läßt.

Die Vorteile der Studienformen 2 (Studienrichtung) und 3 (Studiengang) gegenüber der Studienform 1 liegen auf der Hand (siehe Abbildung 3): Je höher der Anteil der Wirtschaftsinformatik an der Ausbildung ist, um so mehr lassen sich Arbeiten am Rechner durchführen, die Anwendungsorientierung ausweiten und ein stärkerer Branchenbezug (z.B. vertiefte Behandlung des CIM-Konzepts der Fertigungsindustrie, der Warenwirtschaftssysteme des Handels, des Electronic Banking-Angebots des Kreditgewerbes usw.) herstellen.

Eine umfassende Übersicht über die Wirtschaftsinformatik-Ausbildung an den wissenschaftlichen Hochschulen des deutschsprachigen Raums gibt der gerade in 4. Auflage erschienene Studien- und Forschungsführer Wirtschaftsinformatik /WI 92/, der auch die Situation in den neuen Bundesländern berücksichtigt.

## 4 Praxisbezogene Ausbildung im Wandel

Die Ausbildung in Wirtschaftsinformatik hat - unabhängig von ihrer Intensität, d.h. der jeweiligen Studienform - von Anfang an mit der allgemeinen Entwicklung auf dem Gebiet der Informationsverarbeitung Schritt gehalten. Die wesentlichen Aspekte faßt Abbildung 4 zusammen.

Bei der *Hardware* hat sich die praktische Ausbildung weitgehend von Host-Terminals auf PCs bzw. Workstations verlagert. In Zukunft wird auch hier verstärkt das Client-Server-Prinzip zur Anwendung gelangen. Da die für Wirtschaftsunternehmen typischen Merkmale wie zentrale Datenbestände oder Transaktionsverarbeitung (Teilhaberbetrieb) entfallen, geht die Tendenz sogar zur Abschaffung der Großrechner. Voraussetzung dafür ist generell der Übergang von proprietären Betriebssystemen im Mainframe-Bereich und dem Betriebssystem DOS im PC-Bereich zu einer einheitlichen, UNIX-basierten Ausbildung.

Bei der *Systementwicklung/Programmierung* wird bisher vorwiegend eine Grundausbildung in einer höheren Programmiersprache, meistens PASCAL oder MODULA, vermittelt, die im späteren Studium durch Programmierübungen in der immer noch verbreiteten Sprache COBOL und Kurse über Tabellenkalkulationsprogramme, relationale Datenbanksysteme und andere Anwendungsformen der Individuellen Datenverarbeitung ergänzt wird. Teilweise erfolgt die Ausbildung in umgekehrter Reihenfolge. Inzwischen ist das Lehrangebot vielfach um Veranstaltungen über Expertensystem-Shells, Hypertext-Tools und andere spezielle Software-Instrumente erweitert worden. Dem angestrebten Einbau von Softwareentwicklungsumgebungen in die Ausbildung mit dem Ziel, den praktischen Umgang mit CASE-Tools zu üben, stehen zwei Schwierigkeiten gegenüber: Zum einen ist der Lernaufwand relativ zeitintensiv, so daß die in der Regel vorgegebene Anzahl von Semesterwochenstunden nicht ausreicht. Zum anderen sind die Preise für CASE-Werkzeuge (und deren Wartung) für viele Hochschulinstitute viel zu hoch, selbst wenn die Anbieter Hochschulrabatte einräumen. In nächster Zeit ist zu erwarten, daß objektorientierte Sprachen wie SMALLTALK, C++ u.a. oder objektorientierte Entwicklungsumgebungen wie ENFIN u.a. stärker auch in der Ausbildung zum Einsatz gelangen.

Generell stellt sich die Frage, wie weit sich die Ausbildung entweder am aktuellen Stand der betrieblichen Praxis (auch der Klein- und Mittelbetriebe) ausrichten soll oder stärker Entwicklungstendenzen folgen soll. Von besonderer Bedeutung ist diese Frage wegen der knappen Stundenzahl für die Studienform 1 (Wirtschaftsinformatik lediglich als Wahlpflichtfach). Bei den Studienformen 2 (Studienrichtung) und 3 (Studiengang) lassen sich dagegen beide Aspekte gleichzeitig berücksichtigen.

Um Mißverständnisse auszuschließen, sei ausdrücklich darauf hingewiesen, daß sich alle Ausführungen des vorliegenden Beitrags auf die Ausbildung, jedoch nicht auf die Forschung auf dem Gebiet der Wirtschaftsinformatik beziehen. Von der Forschung auch auf dem Gebiet der Wirtschaftsinformatik läßt sich feststellen, daß sie - ihrer Aufgabe entsprechend - meistens der betrieblichen Praxis vorauseilt, wobei sich ihre Ergebnisse zwangsläufig nicht immer in die Realität umsetzen lassen.

Beim *Anwendungsbezug* der Wirtschaftsinformatik-Ausbildung geht die Tendenz eindeutig "vom Hören zum Handeln", d.h. zu einem höheren Anteil von Seminar- und vor allem Examensarbeiten, die in enger Zusammenarbeit mit Unternehmen der freien Wirtschaft in Form von Praxisobjekten angefertigt werden. Über Erfahrungen mit solchen Projekten wird im nächsten Kapitel berichtet.


## 5  Erfahrungen mit Praxisprojekten bei Examensarbeiten

Erfreulicherweise ist die Möglichkeit für Absolventen, die Diplomarbeit als Praxisprojekt in einem Wirtschaftsunternehmen anzufertigen, auch in der Wirtschaftsinformatik-Ausbildung zu einer festen Einrichtung geworden, nachdem sie beispielsweise an ingenieurwissenschaftlichen Fakultäten seit jeher bestanden hat. Ohne auf Varianten, z.B. die institutionalisierte Organisation von Praxiskontakten an etablierten wirtschaftswissenschaftlichen Fakultäten, einzugehen, sollen im folgenden die Erfahrungen mit Praxisprojekten bei Examensarbeiten im Fachgebiet Wirtschaftsinformatik an dem relativ jungen, nämlich erst seit 1979 existierenden Fachbereich Wirtschaftswissenschaften der nicht viel älteren Universität Osnabrück wiedergegeben werden.

Am Fachbereich Wirtschaftswissenschaften der Universtät Osnabrück werden jährlich ca. 400 Studenten (jeweils zu Beginn des Wintersemesters) immatrikuliert. Davon wählen 85% den Studiengang Betriebswirtschaftslehre, 15% den Studiengang Volkswirtschaftslehre. Allen Studenten wird im Grundstudium eine Einführung in die Informationsverarbeitung (einschließlich der Programmierung) vermittelt. Im betriebswirtschaftlichen Hauptstudium belegen jährlich etwa 80 Studenten das Fachgebiet Wirtschaftsinformatik. Davon schreiben etwa

30 Studenten, also ca. 40%, die Diplomarbeit in diesem Fach. Alle Zahlenangaben gelten für die Studienform 1 (Wirtschaftsinformatik als Wahlpflichtfach). Repräsentative Aussagen über die vor kurzem eingerichtete Studienrichtung Wirtschaftsinformatik lassen sich noch nicht treffen.

Von den genannten 30 Diplomarbeiten wird im Durchschnitt ein Drittel, das sind jährlich 8 bis 10 Arbeiten, in Zusammenarbeit mit betrieblichen Partnern angefertigt. Eine größere Anzahl solcher "Praxisarbeiten" verbietet sich aus mehreren Gründen:
- Praxisarbeiten sind wesentlich betreuungsintensiver als reine "Lehrstuhlarbeiten". Für eine Erhöhung des Anteils der Praxisarbeiten fehlt die Kapazität an wissenschaftlichen Mitarbeitern.
- Die Fristen für die Anfertigung von Diplomarbeiten betragen lt. Prüfungsordnung 3 oder 6 Monate. Für Praxisarbeiten kommen nur Halbjahresarbeiten in Betracht, weil von vornherein davon auszugehen ist, daß die Kontaktpersonen beim Praxispartner dem Diplomanden bei Erfordernis nicht immer kurzfristig zur Verfügung stehen. Häufig muß sogar (mit einem inoffiziellen Vorlauf) ein noch etwas längerer Zeitraum angesetzt werden. Nicht alle Studenten sind bereit, so viel Zeit in die Diplomarbeit zu investieren.
- Für Praxisprojekte kommen nur Diplomanden in Betracht, die sich im Studium (in Zwischenprüfungen, Kursen, Seminaren oder als studentische Hilfskräfte) durch überdurchschnittliche Leistungen qualifiziert haben, kommunikationsfähig sind und Verständnis für betriebliche Probleme aufbringen. Alle Voraussetzungen zusammen treffen nur auf einen Teil der Studenten zu.

Bei den Themen für Praxisarbeiten haben sich die folgenden Schwerpunkte herausgebildet:
- Organisationsuntersuchungen/Wirtschaftlichkeitsanalysen,
- System-/Programmentwicklung,
- Software-Auswahl/-Erprobung.

Abbildung 5 zeigt eine Themenauswahl von Praxisarbeiten der letzten Jahre. Selbstverständlich muß bei allen solchen Arbeiten streng darauf geachtet werden, daß der wissenschaftliche Charakter nicht verlorengeht. Praxisarbeiten bestehen daher häufig aus zwei Teilen, nämlich einem theoretischen Teil und einem zweiten Teil mit der konkreten Anwendung. Bei Programmentwicklungen kommt in der Regel noch ein weiterer Teil mit der Programmdokumentation hinzu.

Wie Abbildung 6 zeigt, kommen Praxisarbeiten im wesentlichen auf drei Kooperationswegen zustande:
Weg 1:    Der Lehrstuhl tritt an das Unternehmen heran und schlägt die gemeinsame Bearbeitung eines Projekts vor.
Weg 2:    Das Unternehmen schlägt dem Lehrstuhl ein Thema für eine Praxisarbeit vor.

Weg 3:    Der Student bittet um Bearbeitung eines Praxisprojekts in einem Unternehmen, zu
          dem er Kontakte hat, häufig durch frühere eigene Tätigkeiten, z.B. in Form eines
          Ferienjobs.

Bei allen drei Wegen erfolgt die Themenvergabe durch den Lehrstuhl in enger Absprache mit
dem Unternehmen. Der Anteil von Weg 1 ist erfreulicherweise zugunsten eines gestiegenen
Anteils der Wege 2 und 3 zurückgegangen. Ausschlaggebend für Weg 2 sind Bekanntlich-
keitsgrad des Lehrstuhls und eine steigende Anzahl erfolgreich abgeschlossener Praxisarbeiten. Weg 3 ist am kritischsten, weil die Kontakte des Studenten zu dem Unternehmen nicht
immer durch Themen aus der Wirtschaftsinformatik begründet sein müssen und somit die
Gefahr eines Mißlingen der Arbeit gegeben ist.

Selbstverständlich müssen alle Praxisarbeiten durch eine Präsentation, im gegebenen Fall
durch eine Vorführung am Rechner abgeschlossen werden. Bei einer Programmentwicklung
gehört die förmliche Übergabe der Dokumentation ebenfalls zum Abschluß. Eine schriftliche
Beurteilung der Arbeit durch das Unternehmen erleichtert die Bewertung durch den Lehrstuhl. Sie wird Bestandteil der Prüfungsakte.

Wie die Erfahrung zeigt, bieten Praxisarbeiten eine Reihe von Vorteilen:

- Der Student lernt frühzeitig die betriebliche Praxis kennen. Dadurch erhöhen sich seine
  Chancen bei Bewerbungen. Der Einstieg ins Berufsleben wird ihm erleichtert.
- Der Lehrstuhl wird in die Lage versetzt, schon in der Ausbildung auf aktuelle Probleme der
  Praxis einzugehen.
- Das Unternehmen kann an wissenschaftlichen Innovationen teilhaben, für die häufig Zeit
  und Gelegenheit fehlen, sich intensiv damit auseinanderzusetzen (mittelständische Be-
  triebe!). Es kann (vor allem nicht zeitkritische) Untersuchungen durchführen, für die eige-
  nes Personal fehlt oder zeitlich nicht verfügbar ist. Es kommt auf einfache Weise in die
  Lage, qualifizierte Hochschulabsolventen für sich zu gewinnen.

Bei erfolgreichem Abschluß ergeben sich nicht selten finanzielle Vorteile, in der Regel für
den Studenten in Form einer Prämie, für den Lehrstuhl in Form einer Spende durch das Unternehmen.

Selbstverständlich gibt es auch Risiken und Nachteile, die nicht unerwähnt bleiben dürfen:
- Nachteilig für den Studenten ist der schon erwähnte längere Bearbeitungszeitraum von
  Praxisprojekten gegenüber reinen Lehrstuhlarbeiten. Gelegentlich geraten sogar Halbjahresarbeiten unter Zeitdruck, wenn die betrieblichen Gesprächspartner nicht ausreichend
  zur Verfügung stehen.
- Die betrieblichen Anforderungen, z.B. an eine Programmspezifikation, ändern sich nicht
  selten schon im Verlauf der Diplomarbeit. Wegen des feststehenden (und nicht verschieb-
  baren) Abgabetermins der Diplomarbeit lassen sich solche Änderungen jedoch nicht mehr

berücksichtigen. Das Ergebnis der Arbeit wird dann der betrieblichen Realität nicht gerecht.

- Studenten lassen sich in der Regel nicht so gründlich beurteilen und auswählen wie Mitarbeiter. Die Diplomanden können Schwächen besitzen, die sich erst während der Anfertigung der Diplomarbeit herausstellen und zu einem für alle Seiten unbefriedigendem Ergebnis führen.

Insgesamt überwiegen aber die Vorteile deutlich gegenüber den Nachteilen und Risiken.

## 4 Zusammenfassung und Ausblick

Dem Wirtschaftsinformatiker mit Hochschulabschluß dürften sich auch in den nächsten Jahren ausgezeichnete Berufsaussichten eröffnen. Bevorzugtes Einsatzgebiet werden Tätigkeiten sein, die sich mit der Entwicklung von betriebswirtschaftlichen DV-Anwendungssystemen, vor allen von integrierten Informations- und Kommunikationssystemen, befassen. Aufstiegsmöglichkeiten bestehen zum Projektleiter und - nach entsprechender Bewährung - in alle Leitungsfunktionen des Informationsmanagements. Bei einer breiten wirtschaftswissenschaftlichen Fundierung und entsprechenden Führungsqualitäten bestehen darüber hinaus Chancen, auch in Führungspositionen außerhalb der Informationsverarbeitung aufzusteigen. Eine nicht unwesentliche Rolle spielt die Möglichkeit, daß Absolventen die Abschlußarbeiten in Form von Praxisprojekten anfertigen. Sie ist schon jetzt zu einer festen Einrichtung im Rahmen der Wirtschaftsinformatik-Ausbildung geworden. Sie weiter auszubauen, sollte eine gemeinsame Aufgabe von Wissenschaft und Praxis sein.

## Literatur

/BfA 86/  Bundesanstalt für Arbeit (Hrsg.): Diplom-Wirtschaftsinformatiker/Diplom-Wirtschaftsinformatikerin. Blätter zur Berufskunde, Band 3, Bielefeld 1986.

/BfA 90/  Bundesanstalt für Arbeit (Hrsg.): Datenverarbeitungsberufe, 2. Auflage. Blätter zur Berufskunde, Band 0, Bielefeld 1990.

/CD 91/  Control Data Institut: Stellenmarktanalyse 1991. München 1991.

/DOS 87/  Dostal, W.: Mit Schirm, Chip und Konsole: Die Datenverarbeiter. Institut für Arbeitsmarkt- und Berufsforschung der Bundesanstalt für Arbeit, Mat AB 6/87, Nürnberg 1987.

/DOS 89/  Dostal, W.: Mit Schirm, Chip und Konsole: Die Datenverarbeiter - Ende des Booms? Institut für Arbeitsmarkt- und Berufsforschung der Bundesanstalt für Arbeit, Mat AB 2/89, Nürnberg 1989.

/ROB 91/  Roth, V., Boß, Ch.: Die Arbeitsmarktsituation in den DV-Berufen. Praxis der Informationsverarbeitung und Kommunikation (PIK) 14, Heft 1, 44-47, 1991.

/STA 91/  Stahlknecht, P.: Einführung in die Wirtschaftsinformatik, 5. Auflage. Berlin, Heidelberg, New York usw., 1991.

/WI 92/  Ehrenberg, D., Griese, J., Heinrich. L.J., Kurbel, K., Mertens, P., Stahlknecht, P.: Studien- und Forschungsführer Wirtschaftsinformatik, 4. Auflage. Berlin, Heidelberg, New York usw., 1992.

| Tätigkeit | Nennungen | |
|---|---|---|
| | absolut | prozentual |
| Systementwicklung | 3.488 | 50,0 |
| davon: Projektleiter | 406 | 5,8 |
| Systementwickler/Organisator | 1.897 | 27,2 |
| Organisations-/Anwendungsprogrammierer | 1.084 | 15,6 |
| DV-Planer | 101 | 1,4 |
| Systemtechnik | 1.132 | 16,3 |
| davon: Systemprogrammierer | 793 | 11,4 |
| Datenbankspezialist | 217 | 3,1 |
| Netzwerkspezialist | 122 | 1,8 |
| Spezialtätigkeiten | 1.633 | 23,5 |
| davon: Benutzerberater | 708 | 10,2 |
| Vertriebsbeauftragter, -leiter | 758 | 10,9 |
| DV-Ausbilder | 109 | 1,6 |
| DV-Revisor | 58 | 0,8 |
| Unspezifizierte Tätigkeiten | 101 | 1,4 |
| davon: Wirtschaftsinformatiker | 25 | 0,3 |
| DV-Kaufmann, -Fachmann | 52 | 0,8 |
| DV-Assistent | 24 | 0,3 |
| Leitungsfunktionen | 612 | 8,8 |
| davon: DV-Leiter | 263 | 3,8 |
| Leiter-Systementwicklung | 180 | 2,6 |
| Leiter DV-Betrieb | 101 | 1,4 |
| Sonstige DV-Manager | 68 | 1,0 |
| Nennungen gesamt | 6.966 | 100,0 |
| Ausgewertete Anzeigen gesamt | 5.618 | |
| Erfaßte Stellenangebote gesamt | 7.533 | |

Abb. 1: DV-Stellenangebote 1990 (FAZ, Welt; Computerwoche)

Diplom – Wirtschaftsinformatiker/in

Diplom – Kaufmann/frau mit Schwerpunkt
Wirtschaftsinformatik

Diplom – Wirtschaftsinformatiker/in (FH)

Diplom – Informatiker/in (FH) mit Schwerpunkt
Wirtschaftsinformatik

Diplom – Betriebswirt/in (BA) der Fachrichtung
Wirtschaftsinformatik

Staatlich geprüfter/geprüfte Wirtschaftsinformatiker/in

Geprüfter/Geprüfte Wirtschaftsinformatiker/in

Informatik – Betriebswirt/in (VWA)

Betriebsinformatiker/in

Informationsorganisator/in

Abb. 2: Ausbildungsabschlüsse in Wirtschaftsinformatik

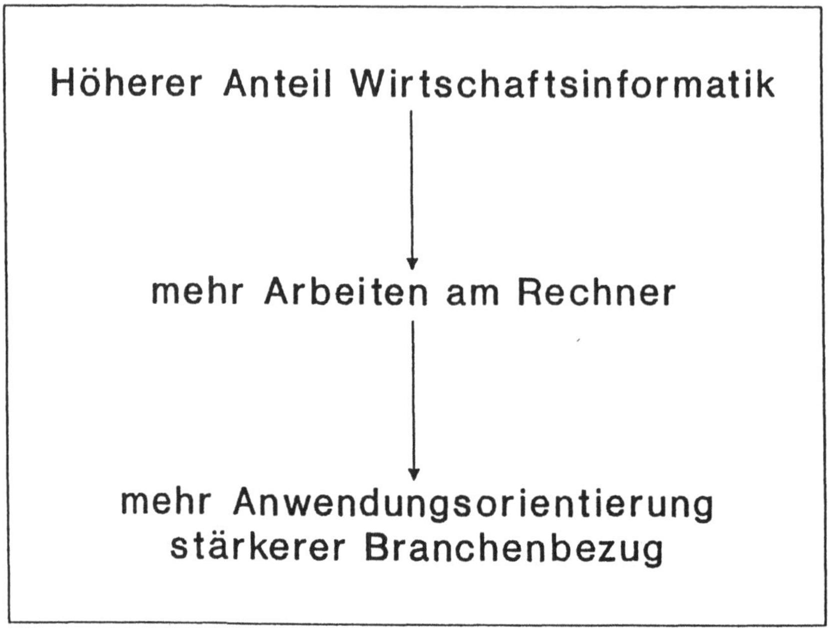

Höherer Anteil Wirtschaftsinformatik

mehr Arbeiten am Rechner

mehr Anwendungsorientierung
stärkerer Branchenbezug

Abb. 3: Vorteile der Studieneinrichtung und des Studiengangs
        Wirtschaftsinformatik

Hardware:

Terminals ⟶ PCs/Workstations

Systementwicklung/Programmierung:

Höhere Programmiersprachen
(PASCAL, BASIC, COBOL)

Integrierte Softwarepakete
- Tabellenkalkulation
- Grafik
- (Relationale) Datenbanken

Spezielle Software
- Expertensystem - Shells
- Hypertext - Tools

Softwareentwicklungsumgebungen

Objektorientierte Sprachen

Anwendungsbezug:

Tendenz: "Vom Hören zum Handeln"

Abb. 4: Praxisbezogene Wirtschaftsinformatik-Ausbildung im Wandel

<u>Organisationsuntersuchungen/Wirtschaftlichkeitsanalysen</u>

O  Auswahl eines Übertragungsnetzes für die Lohndatenerfassung in
   einem Dienstleistungsunternehmen

O  Untersuchung des Materialflusses als Voraussetzung für die Realisierung des CIM-Konzepts in einem mittelständischen Unternehmen
   der Landmaschinentechnik

O  Zur Problematik der Nutzenabschätzung von Informationssystemen, dargestellt am Beispiel des Vertriebsbereichs eines Pharmakonzerns

O  Nutzenpotentiale des elektronischen Leitstands aus Benutzersicht

O  Konzeption eines computergestützten Auftragsverfolgungssystems in
   einem mittelständischen Unternehmen des Apparatebaus

O  Entwicklung eines Konzepts für die Einführung von CAI am Beispiel
   eines mittelständischen Unternehmens des Fertigteilbaus

O  Konzeption und Entwicklung eines computergestützten Bestellsystems
   für ein Elektro- und Sanitär-Großhandelsunternehmen

O  Mehrplatz- vs. vernetzte Einzelplatzsysteme - Entwicklung eines
   Kriterienkatalogs für Auswahlentscheidungen

O  DV-Umstellungen und Migrationshilfen - Übersicht und konkrete
   Anwendung auf die DV-Umstellung von Sparkassen der ehemaligen DDR

O  Reorganisation eines Warenwirtschaftssystems am praktischen Beispiel
   eines Großhandelsunternehmens

<u>System-/Programmentwicklung</u>

O  Kundenkalkulation in einer Sparkasse auf der Basis der Marktzins-
   methode mit Hilfe eines integrierten Programmpaketes

O  Entwicklung eines computergestützten Kennzahlensystems für die Geschäftsleitung eines Textil-Filialunternehmens auf der Basis eines
   Warenwirtschaftssystems

O  Einsatz eines Softwarepaketes bei der Erstellung des Prüfungsbe-
   richts durch den Wirtschaftsprüfer

O  Computergestützte Verkaufsdatenauswertung für die Personaleinsatz-
   planung in einem Textil-Filialunternehmen

O  Einsatz der JSD-Technik für die Entwicklung einer branchenbezogenen
   Bilanzanalyse in einem Medienkonzern

O  Vergleich ausgewählter Strukturierungs- und Darstellungstechniken am
   Beispiel der Kreditorenbuchhaltung in einem Dienstleistungsunternehmen

O  PC-gestütztes Controlling im Forschungs- und Entwicklungsbereich unter besonderer Berücksichtigung von staatlich geförderten Projekten

<u>Software-Auswahl/-Erprobung</u>

O  Entwicklung eines regelbasierten Expertensystems zur Vermögens- und
   Anlageberatung auf der Basis eines Marktvergleichs

O  Einsatz eines Hypermedia-Tools zur Aktualisierung der Benutzer-
   dokumentation von DV-Anwendungssystemen

O  Systemübergreifende Verknüpfung von anwendungsspezifischen Programm-
   und Datenblöcken mit Hilfe der Software-Plattform DAE

Abb. 5: Diplomarbeitsthemen mit Praxisprojekten (Auswahl) am Fach-
        gebiet Wirtschaftsinformatik der Universität Osnabrück

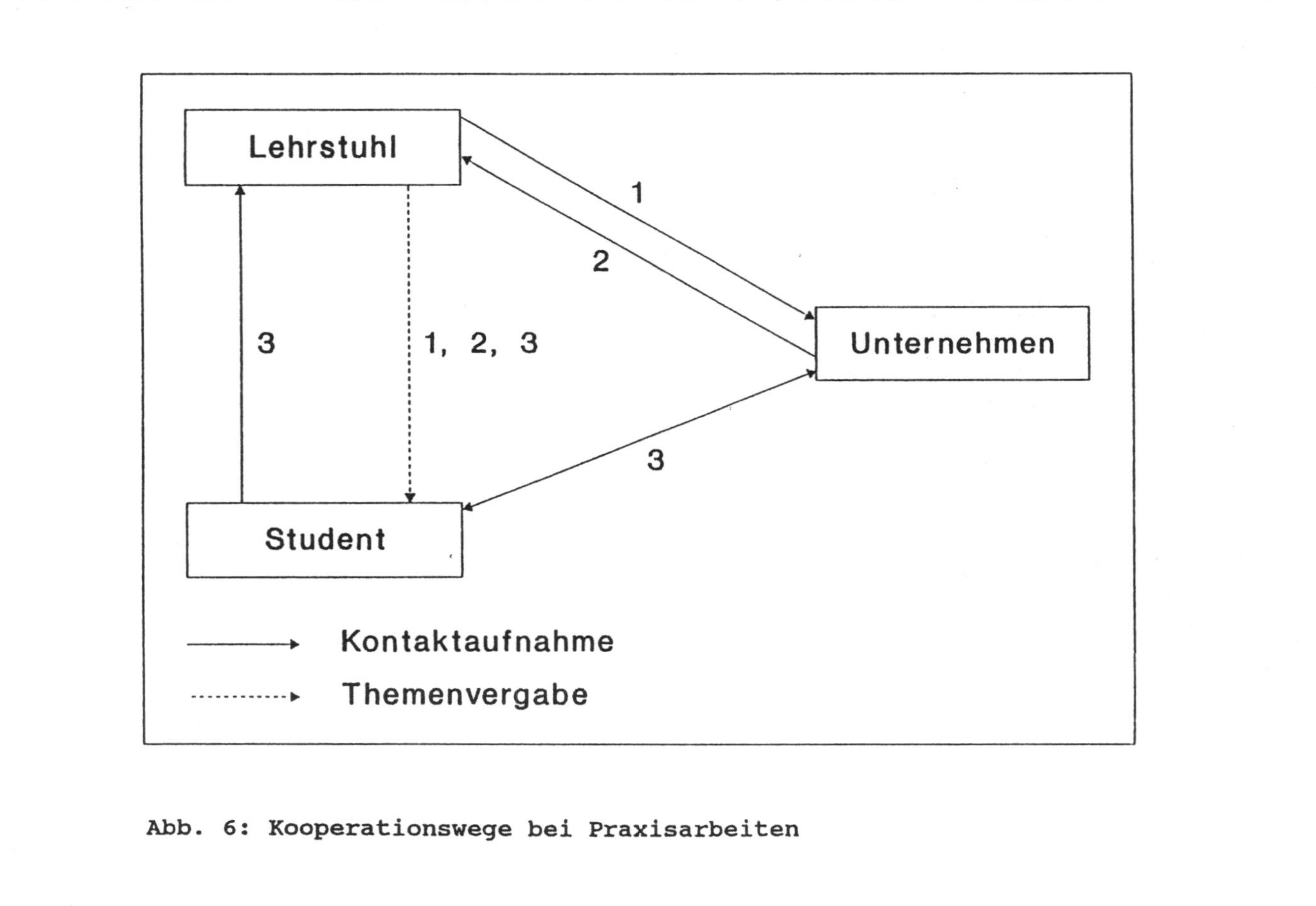


Abb. 6: Kooperationswege bei Praxisarbeiten

Stahlknecht, Peter    Prof. Dr.rer. nat., Lehrstuhl für
Betriebswirtschaftslehre/Wirtschaftsinformatik I der
Universität Osnabrück
Ausbildung: 1950-1955 Diplom-Studium Mathematik,
1958 Promotion in der Wirtschaftsmathematik an der
Universität Leizig.
Beruflicher Werdegang: 1955 Direktionsassistent Leuna-
Werke, 1959 Abteilungsleiter mbp Dortmund, 1966
Leiter Konzern-Datenverarbeitung Preussag Hannover,
1975 Leiter Rechenzentrum der Finanzverwaltung NRW
Düsseldorf, 1976 Professur Wirtschaftsinformatik Freie
Universität Berlin, seit 1982 Universität  Osnabrück

## Teilnehmer an der Veranstaltung

Adelsberger, Heimo, Professor, Dr., Universität-GHS Essen,
FB 5Wirtschaftswissenschaften

Baermann, Direktor, Dipl.-Ing.Wolfgang,
IBM Deutschland GmbH, Vertriebsdirektion Essen

Bauer, Abteilungsleiter, Walter,
Leiter VB Große Kommunikationssysteme, Siemens AG München

Behrens, Claus, Dipl.-Ing., Bremen

Bönniger, Tilmann, Dipl.-Math., RZK-R/II, Köln

Bonn, Helmut, Dipl.-Kfm., München

Brack, Werner, Dr., Geschäftsführer
Mannesmann Datenverarbeitung GmbH, Ratingen

Buchholz, Günther, Dr., Stinnes-data-Service Gmbh, Mülheim

Burwick, Dr. Horst, GMI - Ges. für Mathematik und Informatik mbH,
Aachen

Canisius, Professor, Peter, Bundesanstalt für Straßenwesen,
Bergisch Gladbach 1

Faßbender, Evelyn, Sunbury-on-Thames, Middlesex, GB

Grabers, Nikolaus, Dr., Unternehmensberster, Bergisch Gladbach

Gill, Dr. Uwe, Insiders GmbH, Mainz

Hardy, John E., AT&T Istel, Brüssel

Hasenkamp, Ulrich, Prof. Dr., Universität Marburg

Heusner, Dr. Hans-Willi, Mannesmann AG, FBK, Düsseldorf

Hofmann, Klaus, Dipl.-Kfm., Geschäftsführer der GUF, Hamburg

Hoffmann, Gottfried, Tandem GmbH, Dortmund

Hoffman, Inge, Bad Homburg

Hoss, Hermann Josef, Mitglied des Vorstands der Gerling-Konzern-
Zentrale Verwaltungs-AG, Köln

Jünger, Professor, Dr. Michael, Institut für Informatik,
Universität zu Köln

Klingenburg, Götz, Siemens Nixdorf Informations-Systeme AG,
Bonn

Kohnen, Gerhard, Dr., Min.Rat, Leiter der Untersabt. DV + Dok.
Presse- und Informationsamt der Bundesregierung, Bonn

Korber, UWE, PR, Presse- und Informationsamt der Bundesregierung,
Bonn

Kratz, Direktor, Dr.Jürgen, Mannesmann AG, Koordination
Datnverarbeitung (VKD), Düsseldorf

Krekel, RR, Dr. Dietrich, RZK-R/II, Köln

Küpper, Dr.U.I., Geschäftsführer der Media-Park-Ges. Köln

Leiberich, Otto, Dr., Präsident des BSI - Bundesamt für Sicherheit in der
Informationstechnik, Bonn

Metz, Dr. Wolfgang, INFOPLAN GmbH, Hoffnungsthal

Minnemann, Dr. Joachim, Leiter Math. Beratung u. ORGA/EDV-Controlling,
WestLB, Düsseldorf

Mosblech, Mannesmann Revision GmbH, Düsseldorf

MÜller, Direktor, Dr. Klaus, Mannesmann AG
Düsseldorf

Nilsson, Ragnar, Dipl.-Wirtschaftsing., Direktor Organisation und
Informationstechnik der Klöckner Humbold Deutz AG

Nowak, Wolfgang, Dipl.-Betriebswirt, Leiter Org. + DV
Phönix AG, Hamburg

Oppermann, Ursula, Hallgarten

Pärli, Hans, Prof. Dr., Unternehmensberater, Dortmund

Piro, Harald, Mannesmann AG, Düsseldorf

Pletschen, Dr., Mannesmann Mobilfunk GmbH, Düsseldorf

Pohl, Wilfried, RWE AG, Leiter Konzern-Informationsverarbeitung, Essen

Richter, Lutz, Prof. Dr., Universität Zürich

Rieckhof, Hans-Werner, Dipl.-Vw., Mülheim/R.

Roloff, Hans-Joachim, IBM Deutschland GmbH, Düsseldorf

Schmidt, Wolf-Dieter, Direktor, Mitglied der Geschäftsleitung
Region Deutschland West, Siemens Nixdorf Informationssysteme AG, Düsseldorf

Schmitz, Paul, Prof. Dr., Bensberg

Schrader, Rainer, Prof. Dr., Institut für Informatik, Universität zu Köln

Schröder, Dr., Technologiezentrum Dortmund, 4600 Dortmund

Schumacher, Peter E., Leiter Abt. II im Presse- und Informationsamt der
Bundesregierung, Bonn

Seibt, Dietrich, Prof. Dr., Universität zu Köln

Stahlknecht, Peter, Prof. Dr., Universität Osnabrück

Stevenson, Dipl.-Kfm., IBM Deutschland GmbH, Düsseldorf

Thill, Wilhelm, Vertriebsbeauftragter der Amdahl Deutschland GmbH, Neuss

Wesseler, Berthold, Redaktion *online*, Köln

Windfuhr, Dr., Manfred, Direktor, Leiter Org./DV, Hoesch AG,
Zentrale Datenverarbeitung, Dortmund

Winand, Dr., Udo, GMD Forschungsstelle Köln

Winkelhage, Dipl.-Kfm., Friedrich, Mitglied des Vorstands der GMD, St. Augustin

Wirtz, Wolfgang, Dr. Unternehmensberater, Freiburg

# Sicherheit in netzgeschützten Informationssystemen

von Heiko Lippold und Paul Schmitz

*1992. XXVI, 550 Seiten. Gebunden.*
*ISBN 3-528-05262-7*

Die immer stärkere Verbreitung rechnergestützter Informationsverarbeitung in Gesellschaft, Unternehmen und Behörden zieht die Gefährdung sensitiver Informationen, eine mögliche (oder tatsächliche) Betroffenheit des Menschen sowie die Abhängigkeit ganzer Organisationen von „sicheren" Systemen nach sich. Ziel des seit 1990 zum dritten Mal durchgeführten BIFOA-Kongresses ist es, Sicherheitsprobleme und -lösungen netzgeschützter Informationssysteme unter organisatorischen, technischen, personellen, wirtschaftlichen und rechtlichen Gesichtspunkten umfassend zu diskutieren.

Verlag Vieweg · Postfach 58 29 · D-6200 Wiesbaden 1


**vieweg**